UMA PROMESSA ALÉM DA VIDA

© 2019 por Meire Campezzi Marques
© iStock.com/MarioGuti

Coordenadora editorial: Tânia Lins
Coordenador de comunicação: Marcio Lipari
Capa e projeto gráfico: Jaqueline Kir
Preparação e revisão: Equipe Vida & Consciência

1ª edição — 1ª impressão
3.000 exemplares — fevereiro 2019
Tiragem total: 3.000 exemplares

CIP-BRASIL — CATALOGAÇÃO NA PUBLICAÇÃO (SINDICATO NACIONAL DOS EDITORES DE LIVROS, RJ)

T38p
    Thomas (Espírito)
    Uma promessa além da vida / [psicografado por] Meire Campezzi Marques ; pelo espírito Thomas. - 1. ed., reimpr. - São Paulo : Vida e Consciência, 2019.
    256 p. ; 23 cm.

    ISBN 978-85-7722-574-3

    1. Romance espírita. I. Marques, Meire Campezzi. II. Título.

18-54047   CDD: 808.8037
                               CDU: 82-97:133.9

Todos os direitos reservados. Nenhuma parte desta edição pode ser utilizada ou reproduzida, por qualquer forma ou meio, seja ele mecânico ou eletrônico, fotocópia, gravação etc., tampouco apropriada ou estocada em sistema de banco de dados, sem a expressa autorização da editora (Lei nº 5.988, de 14/12/1973).

Este livro adota as regras do novo acordo ortográfico (2009).

Vida & Consciência Editora e Distribuidora Ltda.
Rua Agostinho Gomes, 2.312 — São Paulo — SP — Brasil
CEP 04206-001
editora@vidaeconsciencia.com.br
www.vidaeconsciencia.com.br

UMA PROMESSA ALÉM DA VIDA

MEIRE CAMPEZZI MARQUES

Romance inspirado pelo espírito Thomas

Capítulo 1

O dia já havia nascido quando os moradores da fazenda Vereda previram que o vento mudaria de direção, ele soprava quente trazendo o prenúncio de uma grande tempestade. As empregadas do sobrado recém-construído corriam de um lado para outro recolhendo a roupa do varal e os tapetes que colocaram ao sol, esperando que ele surgisse no horizonte. Elas recebiam ordens de Orlando, o mestre de obras responsável pela construção do suntuoso sobrado.

A família, que faria do sobrado a sua nova morada, chegaria na tarde daquele dia.

O mobiliário e alguns pertences da família foram enviados para o local ainda durante a construção e acomodados no velho celeiro da fazenda. Os tapetes, que ficaram um longo período enrolados e encostados a um canto, haviam absorvido poeira, como também uma parte das roupas da família, que foi enviada para lá, ainda acomodada dentro das gavetas das grandes cômodas. Tudo foi limpo e lavado conforme as ordens de Orlando.

Francisca tentava ser rápida para recolher as roupas do varal, o vento estava intenso e uma echarpe escapou de sua mão, voando ao sabor do vendaval. Ela não sabia se continuava recolhendo as roupas ou se corria atrás do lenço de seda, que parecia ser uma peça fina da senhora do sobrado.

Nivaldo ouviu os gritos de Francisca e deixou seus afazeres no galinheiro para socorrer a irmã atrapalhada. A echarpe passou próximo ao telhado do galinheiro, Nivaldo correu atrás, mas o vento a levava cada vez mais para longe. Ele subiu numa árvore de grande porte para apanhar a echarpe que ficara presa nos galhos, mas não era uma tarefa fácil. O vento forte por pouco não derrubou o menino e o levou para longe, como fez com o lenço de seda.

Nivaldo, apesar de desapontado, desceu o mais rápido que pôde da árvore e continuou sua busca contra o vento. O lenço pousou no rio e seguiu o curso para a cachoeira. Quando o menino pensou em mergulhar para buscá-lo, seus pés afundaram na lama fina na beira do rio, e uma mão forte o deteve, segurando seus ombros.

— Não, Nivaldo, é perigoso entrar no rio com a tempestade se aproximando, o céu está raivoso com seus raios. Se um desses raios te atingir, você se tornará um carvão por dentro. É morte certa!

— Mamãe, a senhora do sobrado chegará esta tarde. Como Francisca explicará que o lenço da patroa desapareceu na tempestade?

— Ela deveria ter ficado mais atenta ao serviço. Vamos voltar para o sobrado, quero que fique vivo, para me ajudar a limpar o rejunte que ficou no piso da cozinha, dos quartos e dos banheiros lá em cima. Sabe que tenho dores nos joelhos e não posso ficar abaixada para limpar o chão.

— Pode deixar que limpo todo o chão do sobrado, mamãe, não quero te ouvir gemer de dor à noite.

— Obrigada, você é um bom menino. Vamos correr para fugir da tempestade, antes que ela caia.

Mãe e filho correram o mais rápido que puderam, as nuvens escuras e pesadas escondiam a luz do dia.

Francisca estava nervosa, torcendo para que Nivaldo tivesse conseguido apanhar a echarpe da patroa. A moça terminou de recolher a roupa do varal e correu para dentro, espiando da janela se o irmão voltaria com o precioso lenço nas mãos. Sabia que teria de lavá-lo novamente, mas não se importava, desejava que retornassem rápido, estava preocupada com os raios que poderiam cair próximos ao irmão e à mãe, que havia deixado o trabalho para correr atrás do lenço e do filho.

Orlando entrou agitado no sobrado pela porta da cozinha e pediu que Francisca o ajudasse a fechar as janelas antes dos primeiros pingos de chuva caírem.

Naquele momento, Nivaldo e Verônica entraram assustados com o estrondo forte de um trovão próximo à casa.

— Foi por pouco, mamãe, que não nos tornamos carvão por culpa desse raio que caiu no grande jatobá.

— Não fiquem parados, vamos fechar as janelas, a chuva não tarda — gritou Orlando, agoniado, imaginando o estrago que uma tempestade daquelas poderia causar ao sobrado. Ele precisava entregar tudo em perfeito estado, como estava descrito no contrato que assinou com o proprietário.

— Acalme-se, homem, seu trabalho ficou impecável. A estrutura é forte, não fique nervoso, tudo estará perfeito para quando a família chegar. A casa está um brinco, a tempestade logo passará. Cubram os espelhos, não é de bom agouro olhar para eles quando chove forte assim. Minha avó dizia que as almas do outro mundo encontravam passagem para este através dos espelhos, durante as tempestades. Não quero ver esses fantasmas, cubram todos os espelhos.

Assim começou a grande correria de Francisca e Nivaldo pelo sobrado. Orlando, irritado, falou:

— Isso é bobagem, Verônica. Não passe essas crendices para seus filhos, é coisa de gente ignorante, sem estudo.

— Minha avó não era burra! Era uma mulher muito sábia. Se ela disse, eu acredito e ensino para meus filhos o que aprendi com ela.

— Tolice, estamos no século 20 e você ainda conserva velhos hábitos de tempos remotos. Faça como desejar, mas deixe esta casa pronta para receber os patrões. Nossos empregos dependem da apresentação, que precisa ser impactante, como disse o patrão. Ele espera que eu o surpreenda deixando tudo em ordem — finalizou Orlando.

— Não se preocupe, o sobrado ficou como um palácio, tudo está em ordem, só não sei se os móveis estão nos lugares corretos como aquele decorador nos orientou. Ele deveria ter aparecido para ajudar na distribuição dos móveis pela casa.

— Por telefone, disse que viria ontem, porém, não apareceu. Parece que ele sofreu um acidente, ou foi um parente dele, não sei ao certo. A chamada estava péssima quando ele ligou para dar explicações — comentou Orlando.

— O patrão ficará furioso com ele; e a patroa ficará muito brava com Francisca, pois o lenço desapareceu no rio e deve ter caído na cachoeira. Quando a chuva parar, mando Nivaldo procurar lá embaixo no rio — concluiu Verônica.

— Melhor esquecer esse lenço, sabe como o rio fica com a correnteza forte quando chove. Depois explico o que aconteceu para a senhora Alencar. Espero que ela seja uma mulher compreensiva.

— Não sei não, aquele lenço deve custar muito caro. Era coisa fina da patroa. Se desejar que Francisca pague pela peça, estaremos todos perdidos, não temos dinheiro. Melhor não falar nada que o lenço voou na tempestade.

— Desse jeito não está dando bom exemplo para seus filhos. É preciso ser honesta. Foi um acidente, eu estava próximo de sua filha quando o vento arrancou o lenço das mãos dela. Mentir ou ficar calada não resolverá o caso. Se deseja ter filhos com boa índole, dê o exemplo.

— Tem razão. Onde estava com a cabeça quando sugeri disfarçar e ficar calada? Essa confusão toda me deixou de miolo mole.

Os raios fizeram os dois correrem para as janelas no andar de baixo, o som alto dos trovões, que caiam nas redondezas, impediu que a conversa continuasse. Nivaldo desceu as escadas com os olhos arregalados, mostrando que estava assustado.

— O que foi, menino? Parece que viu um fantasma.

— Ele está lá em cima, saiu do espelho do banheiro do quarto principal. Está vestido com farrapos e tem no rosto buracos que se veem os ossos.

— Notou o que sua superstição acabou de fazer com seu filho? Colocar medo nas crianças nunca foi aconselhável para o crescimento delas. Quer criar um covarde?

— Melhor voltarmos ao trabalho e limparmos todo o piso da casa. Não podemos perder tempo — disse Verônica para os filhos.

— Não voltarei lá para cima, de jeito nenhum, mãe! — exclamou Nivaldo.

— Deixe de bobagem, menino, está vendo coisas! Eu não quero um filho covarde, volte lá e esfregue a sujeira do chão.

— Limpo a cozinha, lá não volto mais. Não sabe como é feio o que eu vi saindo do espelho. Pode me chamar de covarde.

— Sabe que menino que desobedece a mãe não vai para o céu quando morrer? Quer passar a eternidade no inferno?

— Pare de colocar medo no menino! Que coisa desagradável. Não acredite nessas bobagens, Nivaldo. Sua mãe está te chantageando, não tenha medo. Esfregue o piso da cozinha, e ela e Francisca terminarão a limpeza lá em cima. Não sei onde estava com a cabeça quando contratei essa mulher para este serviço! Ser caridoso com quem não tem responsabilidade não é bom negócio.

— Por favor, senhor Orlando, não despeça nossa família, precisamos deste emprego, não temos outro lugar para viver — implorou Nivaldo com voz chorosa.

— Acalme-se, garoto, por você e por sua irmã é que continuo suportando as bobagens de sua mãe. Ela não parece ser uma mulher que vive no final do século 20, é cheia de crendices e superstições! Quanta bobagem! Promete que não será ignorante como ela?

— Mamãe tem manias estranhas, não quero ser como ela, mas eu vi o fantasma saindo do espelho lá em cima, como ela disse. Não é mentira! Eu vi!

— Não tem conserto, infelizmente, vocês ficarão como ela. Onde coloquei meu nome quando contratei esta família órfã de pai?

Nivaldo abaixou a cabeça e foi esfregar o chão. A tempestade não durou muito, só o tempo de deixar um rastro de estragos em vários pontos do caminho, que levava até a propriedade. E na fazenda algumas telhas foram arrancadas no celeiro e no

9

galinheiro assustando a criação; o pomar teve algumas árvores destroçadas com a força do vento.

Orlando agradeceu a Deus por uma só telha não ter se soltado do sobrado. Cumpriria o contrato de entregar a casa em perfeito estado, o que o deixou mais tranquilo quando a tempestade passou e a tarde, enfim, chegou.

Capítulo 2

Quando terminaram a faxina, todos deixaram a casa depois de ouvir o ruído dos motores de uma caminhonete e um carro se aproximando. Nivaldo correu até a entrada da fazenda e viu os portões se abrindo sozinho. Assustado, o menino voltou correndo para contar aos outros que havia fantasmas na entrada. Orlando não conteve as gargalhadas ao ver o assombro nos olhos do menino e falou, segurando a barriga que chacoalhava com a gargalhada:

— Como você está desatualizado da tecnologia, Nivaldo. Instalei um porteiro eletrônico. O portão se abre com um toque no controle remoto.

— O que é isso? Não tinha ninguém lá para abrir o portão, e ele abriu as duas bandas, só pode ser coisa de fantasmas.

— Não, Nivaldo, deixe de ser ignorante, menino. Aqui está um controle remoto para ficar com vocês. Basta apertar este botão para abrir o portão e este, ao lado, para fechá-lo. Não precisa mais de chave para trancá-lo. Quando digo que estão vivendo no século passado não poderia estar tão certo, passou da hora de este menino frequentar uma escola, Verônica.

— Ele só tem seis anos, ainda não precisa estudar.

— As crianças, que vivem na cidade grande, desde que nascem são matriculadas nas escolinhas infantis, de lá saem sabendo ler e escrever para ingressar no primário. Seu filho está muito atrasado nos estudos, Verônica.

— Isso é coisa de gente que tem dinheiro para pagar escola. Na pobreza que vivemos não tenho como pagar essa conta. Ele estudará na escolinha da fazenda quando chegar um professor novo.

— Não tem professor na escolinha? — perguntou Orlando para a mulher.

— O último se foi quando a fazenda foi vendida. Tem meses que as crianças estão sem aula. Não é, Francisca?

— Verdade, a escola fechou, e os alunos foram estudar na cidade, eu não pude ir.

— Por quê?

— Mamãe preferiu que eu ajudasse no trabalho na roça, disse que já aprendi a ler e a escrever, e não preciso mais continuar estudando. Eu sei mais que ela, que não sabe ler ou escrever, não é, mãe?

— Verdade, eu não tive oportunidade de ser letrada como minha menina.

— Agora compreendo tamanha ignorância por ensinar aos filhos as crendices dos seus ancestrais — Orlando se calou.

O carro estacionou na frente da casa, e a caminhonete parou atrás do carro luxuoso. Orlando ficou curioso para ver quem estava dirigindo o carro, o vidro escuro o impedia de enxergar o motorista e os passageiros. Quando a porta do veículo foi aberta, Orlando ficou paralisado com a beleza da motorista. Uma mulher elegantemente vestida colocou os finos saltos de um belo sapato no gramado molhado. Os saltos afundaram no terreno, e ela ficou irritada com aquilo. Apanhou a bolsa e caminhou estranhamente pela grama encharcada.

O patrão, animado, desceu da caminhonete e pediu que Verônica e Francisca ajudassem a desembarcar as crianças do carro.

As duas empregadas, atrapalhadas, não sabiam que porta abrir para cumprir as ordens do patrão. Orlando veio ao socorro das duas e abriu a porta traseira do carro. Nivaldo abriu um sorriso quando o rostinho de um menino, aparentando ter a mesma idade que ele, surgiu. Logo depois dele, vinha uma menininha de cabelos presos atrás das orelhas pequeninas. Os olhos da menina eram claros como os do irmão, e a pele clara e os cabelos escuros eram como os da mãe.

Francisca penava do outro lado do carro tentando tirar o bebê da cadeirinha em que estava acomodado. A moça ficou penalizada ao ver a criança amarrada. Novamente, Orlando foi ajudá-la, mas ele também não tinha prática em soltar o cinto de segurança. Naquele momento, a senhora Alencar foi ao socorro do filho. Ela deu a volta no carro com seu jeito estranho de caminhar no gramado e soltou o cinto perguntando para Francisca:

— Você é a babá que meu marido contratou?

— Não, senhora, eu ajudo minha mãe na roça e na limpeza da casa.

— Onde está a babá?

— Não apareceu ninguém na fazenda.

— Tudo bem. Então, você cuidará do meu filho, até ela aparecer. Leve-o, dê um banho nele, a fralda está suja, e o pobrezinho está todo suado, cuide dele. Qual é seu nome?

— Francisca, senhora, eu cuidei apenas de meu irmão quando ele era bebê, não tenho muita experiência, mas gosto muito de criança.

— Sua mãe a ajudará. Aqui estão os pertences para cuidar dele, leve-o para o quarto. Tenho muito para fazer e não tenho tempo para cuidar do meu pequeno. Depois te darei um presentinho se me fizer esse favor.

— Obrigada, senhora Alencar.

— Pode me chamar de Eunice. Senhora Eunice.

As duas entraram na casa. Francisca carregava o bebê, que olhava tudo ao seu redor com curiosidade.

— Mãe, não sei dar banho em criança pequena, essa parte fica com a senhora.

— É fácil, eu seguro ele, e você joga água no corpinho. Depois vestimos a roupinha com cuidado. Olha como ele é bonitinho! Me lembrei do Nivaldo quando era desse tamanho.

— Ele era tão bonitinho, mãe, pena que cresceu e se tornou um menino sapeca. Qual será o nome do bebê?

— A mulher não disse. Pergunte para a menininha que está nos olhando da porta. Será que ela sabe falar?

— Eu sei sim, meu nome é Vera Alencar, e este é meu irmãozinho Fabrício.

— Muito prazer, Vera. Eu sou Francisca, e esta é minha mãe Verônica. Vocês vieram de onde?

— De longe. Ganhei bala, você quer uma?

— Eu quero. Você é boazinha, Verinha.

— Papai disse que precisamos dividir o que temos com os mais pobres. Você é pobre?

As duas riram do jeito meigo da menina, e Francisca respondeu:

— Sou mais pobre que você. Faz tempo que não coloco uma bala na boca. É deliciosa, obrigada.

As duas continuaram cuidando do bebê no piso superior do sobrado. Lá embaixo, Orlando, Nivaldo e o patrão retiravam as malas dos carros e colocavam na sala principal.

O menino mais velho caminhava pela casa na companhia da mãe, que estava detestando o lugar. A mulher achou a decoração que fizeram de muito mau gosto, não compreendia o motivo pelo qual o decorador renomado havia distribuído os móveis em lugares tão distintos aos que lhes foram apresentados no desenho original. Nada estava no devido lugar. Eunice, indignada, retornou para a sala dizendo:

— Como pode um decorador errar tanto?! O que fez na casa é simplesmente ridículo.

— Senhora, o decorador estava com problemas pessoais e não pôde comparecer para finalizar a decoração como haviam combinado. Tomei a liberdade, junto com a família de Verônica, de dispor os móveis e os objetos de decoração, na tentativa de agradar sua família. Peço desculpas pelos enganos rudimentares que cometemos. Tenho que informar também que aconteceu um acidente com uma echarpe da senhora — Orlando explicou com detalhes o que havia acontecido com o lenço antes de a tempestade chegar. Eunice, que já estava contrariada, franziu o semblante ainda mais e falou:

— Descontaremos do salário da babá e tudo ficará resolvido. Quanto ao seu trabalho, aparentemente, está tudo em ordem na casa; a decoração não era sua obrigação. O senhor fez o melhor que pôde, terei uma longa conversa com o decorador. Espero que tenha uma excelente desculpa para explicar esse descaso na entrega de um trabalho, já que pagamos caro para que o serviço fosse executado com eficiência.

Henrique, que estava ao lado de Orlando e Nivaldo na sala, falou:

— Sinto muito, amor, se a decoração não ficou ao seu contento. Também desejei agradá-la. Pode distribuir as malas. Para que quarto seguirá cada uma delas?

— Esse serviço é pesado, mas não tem outro jeito. As malas escuras seguem para nosso quarto; as rosas, para o quarto de Vera; e as outras com desenhos infantis são de Fabrício; já as azuis seguem para o quarto de Olavinho.

— Distribuiu os quartos, querida?

— Havia combinado com o decorador todos esses detalhes. É impressionante a incompetência dele. Como contratamos alguém tão irresponsável, querido?

— Não fique nervosa, ele virá quando puder, tenho certeza.

— E até lá viveremos neste lugar sem elegância e feio por incompetência desse ordinário? Francamente, Henrique, quero voltar para o hotel, esse mau gosto todo me deixa enjoada. Você prometeu que viveríamos em uma casa elegante e luxuosa, como era a nossa na cidade de São Paulo. Imagine só papai, mamãe e minhas irmãs nos fazendo uma visita nesta casa horrível! E minhas amigas do Lion Clube? Não quero nem pensar nessa hipótese!

— Não podemos voltar para o hotel. Com a tempestade que caiu, o caminho até a cidade mais próxima deve estar intransitável. As crianças estão cansadas da viagem. Ficaremos aqui, e não quero mais ouvir suas queixas, Eunice.

Ela subiu a escada nervosa, as lágrimas rolavam pela face da mulher. Eunice odiava a forma dura como o marido a tratava. Entrou em sua suíte e se dirigiu ao banheiro. Encheu a banheira de água morna, colocou seus sais de banho, que levou em uma

15

frasqueira que carregou junto com sua bolsa até o quarto que escolheu para o casal. Ficou no banho até que todas as roupas fossem retiradas das malas e colocadas em seu *closet*. Não foi uma tarefa fácil para Verônica e Nivaldo, que tentavam ajudar a mãe. Seguiam as dicas de Olavinho, que também desejava ver a mãe feliz. O menino estava presente na discussão ocorrida na sala principal e ficava triste com o pai cada vez que ele usava de aspereza com Eunice.

Henrique tinha paciência com a esposa, sabia que havia se casado com uma mulher mimada e muito delicada. Mas até sua paciência tinha limites quando ela extrapolava nas exigências. Ele mandou construir uma casa maravilhosa e muito confortável quando recebeu a notícia de que seu filho mais novo nasceu com uma alergia resultante do ar poluído de São Paulo. A criança nasceu com os pulmões fracos e, em cinco meses, teve duas pneumonias, que quase a levou à morte.

O patriarca se viu obrigado a deixar a metrópole, pois, se continuasse vivendo em São Paulo, seu pequeno não suportaria. A família decidiu morar em uma cidade com um clima considerado excelente, o segundo melhor do mundo, perdendo apenas para a cidade de Davos, na Suíça, conforme a pesquisa realizada por ele.

Henrique procurou uma propriedade nos arredores da cidade de Atibaia, que ficava a 65 quilômetros da capital de São Paulo, encontrou uma linda fazenda e fechou o negócio. Assim, continuaria trabalhando na capital e retornando todas as noites para casa.

Capítulo 3

Depois de duas horas relaxando na banheira, Eunice terminou seu delicioso banho de espuma.

A noite cobriu com seu manto escuro o caminho que levava para a casinha aconchegante, afastada do sobrado, onde viviam Verônica e seus filhos. A família voltaria para o trabalho quando Eunice delegasse as ordens para que Verônica preparasse o jantar dos patrões.

Mais tarde, de volta à casa-grande, Francisca ajudava a mãe, e Nivaldo vigiava o bebê junto com Olavo e Vera. Os três ficaram no salão de brinquedos, e Fabrício foi colocado em um cercadinho preparado para ele. Nivaldo colocou alguns brinquedinhos para distrair o bebê. Para o rapazinho, aquele cercado parecia um engradado onde se colocavam os animais que eram levados até a cidade para serem vendidos.

— Pobrezinho! Ele precisa ficar preso nesta jaula?

— Não é uma jaula. Na capital, deixam as crianças nesses cercadinhos até crescerem e não pararem mais aí dentro. Onde sua mãe deixava você para ir trabalhar? — questionou Olavinho.

— Não sei, não me recordo de quando era pequeno. Talvez ficasse brincando à sombra de alguma árvore enquanto ela cuidava da horta. Você também ficou na jaula quando era pequeno?

— Naturalmente que sim. Claro que preferia ficar à sombra de uma árvore, mas jamais seria possível. Minha mãe não permitia que eu e Vera brincássemos no jardim de nossa casa em São Paulo.

— Por que ela não deixava?

— Dizia que ficaríamos sujos e sujeitos a bactérias de todos os tipos, acabaríamos no hospital tomando injeções, que doem muito.

— Bobagem, eu cresci em contato com a terra e os animais da fazenda, nunca fiquei doente.

— Aqui tem animais?

— Tem alguns: vacas, bois, cavalos, cabras, ovelhas, cachorros e um gato, que aparece para comer quando chamamos por ele.

— Posso ver seu gatinho? — disse Vera abraçando um gatinho de pelúcia. — Adoro gatinhos. São tão fofos!

— Se sua mãe deixar, eu trago a bola de pelo aqui.

— Ela não deixaria jamais. Fabrício tem alergia de tudo. Melhor visitarmos os animais longe desta casa, Verinha — aconselhou o irmão mais velho da menina.

— Podemos ir agora? — pediu a menina.

— Não, está escuro lá fora — explicou Olavinho.

— Eu tenho uma lanterna. Se desejarem, levo vocês para brincarem com o gato — disse Nivaldo.

— Não podemos. A mamãe ficaria muito brava, e não quero que ela chore novamente — explicou Olavinho.

— Ela chorou? — perguntou Vera fazendo biquinho para chorar também.

— Chorou sim, mas você não precisa chorar por isso. Ela está bem agora, está no quarto descansando da viagem.

—Tem certeza de que ela está feliz, agora?

—Tenho sim, vamos brincar, Verinha. Esta menina é chorona. Toda vez que mamãe fica triste, ela precisa chorar junto.

— Minha irmã também é assim chorona. Isso é coisa de mulher. Eu não choro, sou o homem da minha casa, como minha mãe falou, preciso cuidar das mulheres da minha família. Não posso ficar triste por bobagens.

— Você cuida delas? E se entrar um ladrão em sua casa, você tem coragem de enfrentá-lo?

— Preciso ser forte, tenho que defender as mulheres. Não tenho pai como você, Verinha e o bebê Fabrício.

— Onde está seu pai? — perguntou Vera acariciando os cabelos de Nivaldo. — Ele foi embora como o pai da Aninha?

— Meu pai morreu ano passado. Ele ficou doente, levaram para o hospital, mas ele morreu lá. Foi muito triste, queria que ele estivesse aqui comigo.

— Não faça isso! Você está chamando quem morreu. Ele pode aparecer à noite e puxar seu pé — disse Verinha.

— Não teria medo se ele fizesse isso, sinto saudades — disse Nivaldo.

— Não tem medo de assombração? — perguntou a menina.

— Meu pai não é uma assombração. Ele é uma estrela, como minha mãe me explicou. Está lá no céu com os anjos de Deus. À noite, ele aparece no céu brilhando entre as estrelas.

— As estrelas são gente morta brilhando no céu? — perguntou Verinha arregalando os olhos assustada.

— Não coloque medo nela. É uma menina medrosa.

— Não sou medrosa nada, você é que é! Toda noite quer papai junto de você até dormir porque tem medo de fantasmas. Mamãe disse que isso não existe. Ele é covarde.

— Pare, Verinha, eu não tenho medo de nada! Papai é que gosta de ficar ao meu lado até eu dormir. Ele tem medo, eu sou corajoso.

— Corajoso! Então saia da sala de brinquedo e suba até seu quarto, sozinho.

— Eu faço isso sem medo de nada.

Olavo foi até a porta e olhou em direção à sala principal e à escada. Estava tudo escuro. Henrique estava na varanda lendo seu jornal e esperando o jantar ficar pronto; Eunice continuava em seu quarto; Verônica e Francisca estavam na cozinha, e Orlando havia retornado para sua casa na cidade.

Olavo olhou para uma das janelas, que estava com a cortina entreaberta, e viu que do lado de fora estava muito escuro. O menino sentiu um arrepio percorrer suas costas e ficou com muito medo de se expor na escuridão da casa, que ele mal conhecia. Voltou para junto da irmã dizendo:

— Não tenho nada para fazer em meu quarto. Nem sei onde ele fica. Ficarei aqui com vocês.

— Não disse que ele tinha medo? — desafiou a menina.

— É mentira! Eu não tenho medo de nada.

— Tem sim, chorava toda noite dizendo que via fantasmas em nossa antiga casa de São Paulo, e também no hotel em que estávamos hospedados.

Nivaldo interveio para que os irmãos não brigassem:

— Não precisa ficar com vergonha de ter medo de fantasma, eu também tenho medo deles. Minha mãe conta cada história de assombração que dá muito medo.

— Está vendo, Verinha? Ele é menino e tem medo também. Não sou o único.

— Ter medo não é ser covarde — afirmou Nivaldo. — Quando eu crescer, não terei medo de nada, como meu pai me ensinou antes de morrer. Essa manhã mesmo vi um fantasma muito feio, saiu do espelho do banheiro, lá em cima, fiquei com tanto medo! Ele era horrível! Estava escuro por conta da tempestade que caia lá fora, um raio caiu e o clarão iluminou o banheiro, que eu limpava. Foi por pouco que ele não me pegou.

— Preciso te contar um segredo, mas mamãe não pode saber. Promete não contar para ninguém?

— Prometo, pode confiar seu segredo, Olavinho.

— Eu vejo gente morta — confidenciou o menino.

— Também vejo, às vezes — disse Nivaldo.

— Elas falam com você? Pode ouvi-las?

— Não. Tenho medo e saio correndo.

— Eu também tenho medo, mas não adianta correr. Camilo, meu amigo espiritual, me disse que é preciso ouvi-las para que me deixem em paz. Meu pai não tem medo, ele disse para ouvir os conselhos de Camilo. Minha mãe não acredita que eu posso ver gente morta, fica nervosa quando eu falo que as estou vendo. Esse é meu segredo e de meu pai. Ele não tem medo de nada, anda no escuro, assiste a filmes de dar muito medo. Precisa ver como ele é corajoso. Se tiver medo, fale com ele, sabe como espantar os espíritos que fazem barulho no quarto à noite.

— Não tem nada disso. Olavinho mente que a noite tem essas coisas no quarto dele. Pare com isso, eu quero minha mãe — choramingou Verinha.

— Lá vai ela chorar! Essa menina só sabe gritar e chorar.

— Melhor ficar quietinha ou terei que deixar de brincar com vocês. Sua mãe ficará brava comigo se você continuar chorando. Verinha, o que tem naquela caixa no canto da sala? — Nivaldo tentava fazer a menina parar de chorar.

— Não sei, eu quero ir com a mamãe.

No mesmo instante, Eunice surgiu na porta da sala de brinquedos e perguntou:

— O que está acontecendo com sua irmã, Olavinho?

Eunice não sabia que Nivaldo estava ali, brincando com os filhos dela. O rosto da mulher se contraiu em uma careta quando avistou o menino ali.

— O que faz aqui, garoto?

Observando o rosto contrariado da mãe, Olavinho se apressou em responder:

— Estamos brincando, mamãe.

— Por que Verinha está chorando?

— Ela está com medo de fantasmas, dona Eunice — disse Nivaldo.

— Recomeçará com isso, Olavinho! Já não disse que esse assunto é proibido nesta família! Nivaldo, fique na cozinha com sua mãe. Meus filhos precisam de um corretivo.

Nivaldo deixou a sala de brinquedos sentido pela forma áspera como foi tratado por Eunice. Parou na porta da cozinha e ficou ali, triste, ouvindo as palavras duras que ela usava para repreender as crianças.

Da varanda, também se podia ouvir as grosserias de Eunice. Henrique deixou o jornal na cadeira e atravessou a sala, irritado com a mulher que desclassificava Nivaldo de uma forma humilhante para os filhos.

O pai das crianças olhou na direção da porta da cozinha e ficou muito envergonhado na presença do menino. Furioso, entrou na sala de brinquedos.

— Cale a boca, Eunice! Venha comigo até a varanda, agora!

21

— Estou cuidando das crianças, não posso deixá-las neste instante.

— Eunice, tem um minuto para chegar até a varanda. Ou deseja ouvir o que tenho para dizer diante de seus filhos?

— Por favor, Henrique, tenha calma. Está assustando as crianças.

— Pai, não brigue com a mamãe.

— Quieto, Olavinho, não vamos brigar, eu quero apenas ter uma conversa em particular com sua mãe. Fiquem brincando, depois podemos conversar sobre como é importante fazer amigos e não destruir as amizades.

Eunice deixou a sala e seguiu para a varanda, contudo, antes, olhou com raiva para Nivaldo, que continuava parado na entrada da cozinha. Francisca foi ao socorro do menino quando ouviu a voz alterada do patrão.

— O que está acontecendo, querido?

— Nada, eu estou aqui esperando para voltarmos para casa.

Francisca pôde ver no rosto da patroa a ira contra seu irmão.

— Venha para a cozinha conosco, não quero vê-lo junto das crianças. Parece que a patroa não gosta que você brinque com os filhos dela.

— Eu não fiz nada de errado, não quebrei nada.

— Eu sei, querido, não se preocupe com a maldade das outras pessoas. Essa mulher não parece ser feliz. Fique aqui conosco, estamos acabando de preparar o jantar, logo voltaremos para nossa casa, simples e humilde, mas onde mora a felicidade. De que adianta ter luxo e riqueza se isso não traz felicidade? — Francisca estava furiosa e falava em tom alto para a patroa ouvir.

— Fique quieta, Francisca. Ficou louca? Os patrões podem ouvir. Precisamos deste emprego.

— Penso que é melhor procurarmos outro lugar para trabalhar. Aquela mulher não será uma boa patroa. Como pôde usar de covardia com uma criança de seis anos!

— O que ela fez?

— Destratou seu filho. Eu vi saírem faíscas dos olhos dela ao encarar Nivaldo. O que ela pensa que é?

— Se é desse jeito que seremos tratados, melhor procurar quem está precisando de empregada doméstica na vizinhança. Amanhã conversarei com Orlando. Quem sabe ele não conheça outra família que nos dê emprego?

Naquele momento, Henrique entrou na cozinha pedindo desculpas para Nivaldo. O patrão ouviu a última frase de Verônica e falou:

— Não precisa procurar outro lugar para trabalhar. Isso não se repetirá, conversei com minha mulher. Amanhã, ela se retratará com o pequeno Nivaldo. Peço desculpas em nome de Eunice, ela anda nervosa com a mudança para a fazenda. Sabe como é... moça que foi criada na cidade.... Tenham um pouco de paciência com ela, por favor. Nivaldo, pode brincar com meus filhos na hora que desejar. Sua companhia fará bem para Olavinho e Vera.

— Melhor meu filho não brincar com os seus, para evitar desentendimentos entre nós. Meu Nivaldo é menino do campo e não tem a educação refinada de seus filhos.

— Nivaldo é um menino muito esperto, será um bom amigo para meus filhos.

Henrique deixou a cozinha e seguiu para a sala de brinquedos para conversar com as crianças. Eunice, depois de ser reprimida energicamente pelo marido, subiu para seu quarto e não desceu para o jantar com a família.

Capítulo 4

Depois de jantarem, a família se recolheu aos seus quartos.
Francisca colocou o pequeno Fabrício no berço e deixou o sobrado. A criança estava dormindo com a respiração serena naquela noite. Henrique passou no quarto da filha e depois foi para o quarto de Olavinho, esperou até que o filho adormecesse e seguiu para o quarto do casal.

Colocou a mão na maçaneta da porta e notou que estava trancada. Bateu suavemente na porta para que Eunice abrisse, mas a mulher não a abriu, disse apenas em tom baixo para que ele fosse dormir no quarto de hóspedes. Henrique ficou furioso com a esposa cheia de mimos. Desejou derrubar a porta, pegar a esposa pelos braços e gritar todo seu desapontamento durante aqueles sete anos desastrosos de matrimônio. Mas esse não era seu modo de resolver as coisas.

Henrique respirou fundo e foi dormir no quarto do bebê, pois sabia que Eunice não sairia do quarto se o filho precisasse dela à noite.

Ele precisava ficar atento à respiração de Fabrício. A mudança para uma casa recém-construída poderia causar-lhe uma crise asmática, doença que foi diagnosticada pelo pediatra após a criança ser levada às pressas para o hospital com uma crise violenta.

Henrique deitou na cama ao lado do berço e ouviu a respiração leve e ritmada do filho. Sabia que ele estava bem e agradeceu a Deus por não precisar sair naquela noite em busca do médico, na cidade de Atibaia. O caminho até a fazenda era de terra batida, e a tempestade deixou a estradinha em péssimas condições. Não foi fácil chegar até a fazenda naquela tarde.

Henrique pegou no sono, mas se sentiu um pouco desconfortável na cama, que a babá ocuparia. Estava acostumado a dormir em uma cama de casal grande e confortável.

O patriarca estava tranquilo por não precisar trabalhar na manhã seguinte, era sábado, e ele planejou ficar em casa para terminar de organizar a mudança. Planejava ocupar o quarto de hóspede, não desejava mais dormir no mesmo quarto e ficar ao lado de Eunice, que se queixava por ele roncar a noite toda. Sentia que ela ficava mais distante dele. Não desejava a separação, ainda restava um sentimento bom por sua mulher, apesar de todas as queixas e desarmonias entre os dois, mas ele precisava de um pouco de paz.

***

Na manhã seguinte, Henrique encontrou suas malas na sala principal e notou que Eunice não havia pedido para as empregadas organizarem as roupas dele no *closet,* no quarto do casal. Ficou ainda mais decepcionado com a esposa, que pouco se importava com seu bem-estar.

Levou as malas para cima e ajeitou suas roupas no quarto de hóspedes. Ainda era muito cedo, e todos dormiam na casa. Enquanto organizava seu novo quarto, Henrique decidiu que não pediria o divórcio, pois amava estar próximo dos filhos e, por eles, suportaria mais alguns anos ao lado de Eunice.

No entanto, o marido se ressentia por saber que todo o amor que deu a ela não foi o bastante para mudá-la. Quando se casou, conhecia bem o gênio irascível de Eunice e fez tudo que podia para modificá-la. No início, usou da sedução e do seu amor na tentativa de vê-la se tornar uma mulher melhor, porém, o tempo passou, e a esposa dava todos os sinais de que não amadureceria como ele desejava.

Sete anos se passaram, e ele ainda tinha a esperança de ver sua amada se modificar. Henrique já não usava uma forma carinhosa para falar com Eunice. Esse era seu último recurso — ser duro com a esposa. Porém, havia notado que essa forma de verbalizar com esposa fazia mal para as crianças, e para ele também. Henrique não tinha essa personalidade grosseira e rude, pois aprendeu desde a infância que conquistamos mais pessoas quando as tratamos com educação e cordialidade. Era amoroso e brincalhão, sentia que estava se tornando um homem das cavernas, embrutecido.

Nos negócios, ele se realizava como um empresário bem-sucedido. Era formado em engenharia civil e montara seu escritório sem a ajuda de ninguém.

Para conseguir se formar na universidade, trabalhou em vários setores do comércio, não recusava trabalho para aumentar sua renda, conseguiu juntar um pouco de dinheiro e montou um escritório modesto, que foi crescendo conforme seu trabalho era reconhecido. Trabalhou duro e consolidou seu nome no mercado competitivo. Conheceu Eunice quando aceitou fazer o projeto de uma reforma, em uma casa no Jardins, bairro nobre da capital de São Paulo.

Nunca esqueceu a bela visão da filha de seu contratante descendo a escada, vestida elegantemente. O coração de Henrique saltou no peito. O rapaz sentiu um frio no estômago e ficou trêmulo como nunca havia acontecido antes diante de uma bela mulher.

Eunice também se impressionou com a bela aparência do engenheiro. Quando foram apresentados, a moça abriu um sorriso jovial enquanto apertava a mão de Henrique.

Henrique, mesmo sem necessidade, estava sempre vistoriando a obra e, quando a reforma foi terminada, ele ficou triste por imaginar que ficaria longe de Eunice. Tomou coragem e a convidou para jantar naquela noite. Nervoso, o rapaz imaginava que ela recusaria seu convite. Para sua surpresa, Eunice aceitou, foi uma noite agradável para ela e uma noite inesquecível para Henrique, que estava apaixonado.

Dez meses depois, os dois se casaram com a bênção das famílias. Os pais de Henrique vieram do litoral para a cerimônia, mas Eunice preferia ficar longe dos sogros, pois a falta de refinamento mostrava que eles sempre foram pessoas de classe média, que lutavam pelo pão de cada dia. Não compreendia como Henrique, nascido em um berço tão singelo, tornou-se um grande engenheiro de renome na capital.

Após o casamento, para a felicidade de Eunice, o marido não tinha muito tempo para descer até a baixada santista e visitar os pais. Porém, Henrique tinha a intenção de construir uma casinha para os pais no fundo do terreno que ele havia comprado e onde construiria a casa que projetara para viver com a esposa.

Henrique usou todas as suas economias para deixar a casa como Eunice desejava. Depois de realizar outros trabalhos e reequilibrar as finanças, daria início à construção da casa para os pais.

Eunice, sem que o marido soubesse, pegou o carro e desceu para a Baixada Santista. Lá, teve uma conversa com Neiva, mãe de Henrique, e implorou para que ela não aceitasse viver nos fundos da casa deles. A sogra tentou não ser indelicada com a nora, mas saber que era indesejada a deixou triste.

Quando o filho ligou contando sobre seus planos, Neiva rapidamente respondeu que não deixaria o litoral para viver no bairro nobre do Jardins, em São Paulo. Afirmava que amava viver próxima ao mar e morreria se não pudesse absorver o delicioso aroma marinho.

Diante da recusa de sua mãe, Henrique mudou os planos, comprou um terreno e construiu uma casa confortável para os pais no litoral paulista. O rapaz ajudou na mudança carregando as pesadas caixas da velha casa alugada, onde viviam os pais e o irmão mais novo.

A presença de Humberto deixava Henrique mais tranquilo, sabia que o irmão estaria ali para cuidar dos pais sempre que necessário. Humberto trabalhava em um quiosque na praia junto com o pai, dali tiravam o sustento de que precisavam.

Além disso, Henrique dava para seus pais, todos os meses, uma gorda mesada. O rapaz desejava que o pai parasse de trabalhar, mas João se negava a ficar em casa sem nada para fazer. Acostumado a trabalhar, afirmava que se sentiria um velho inútil se ficasse na ociosidade.

Henrique nunca descobriu o que Eunice fez para impedir que a família viesse viver ao lado dele. Ela não se importava com a ajuda que ele dava para os pais, só desejava tê-los distante de seu lar. Quando Olavinho nasceu, Henrique ficou desapontado porque seus pais não vieram conhecer o neto. A mãe mentia dizendo que estava resfriada e não deveria ficar próxima de um recém-nascido.

Quando o menino completou cinco meses, Henrique levou o filho para que seus pais o conhecessem. Eunice não o acompanhou naquela pequena viagem. O mesmo ocorreu no nascimento de Verinha. Depois de cinco meses, os avôs conheceram a netinha.

Agora, o filho mais novo do casal estava com cinco meses, e eles tiveram de deixar a capital. Henrique não pôde levar o neto para seus pais o conhecerem, pois, conforme o pediatra afirmou, para acatar um pedido particular de Eunice, que desejava permanecer longe dos sogros, os problemas de saúde da criança se agravariam no litoral.

Henrique ligava constantemente para mãe e a convidava para uma visita. A última ligação, refazendo o convite para passarem um período na fazenda, ocorreu quando Orlando afirmou que o sobrado estava pronto e seria entregue no prazo.

Não havia mais argumentos para Neiva não realizar aquela viagem até Atibaia. Todas as desculpas que podia inventar pareceriam tolas quando chegassem aos ouvidos do filho.

Henrique ligou e deu um ultimato a Neiva. Ela não teria como recusar o convite para passar uma temporada na fazenda com a família do filho. João, pai de Henrique, estava curioso para conhecer o neto e a fazenda que o filho havia comprado. O senhor adorava o litoral, mas havia sido criado em uma fazenda e estava saudoso de sentir o cheiro agradável do mato e acompanhar a criação de animais. Por Neiva, eles não colocariam os pés na casa daquela mulher esnobe e insensível. Com certeza, Neiva tentaria arrumar uma boa desculpa para não deixar sua casa.

28

Henrique desejava terminar a mudança naquele fim de semana e, na próxima semana, trazer seus pais para ficarem com eles o resto do mês. Estava com muita saudade dos seus. Sabia que o irmão não deixaria o quiosque em pleno verão, a melhor estação para lucrar na praia.

Humberto havia se casado, e Henrique o presenteou com uma bela casa localizada ao lado da casa de seus pais. A alegria de Humberto quando recebeu tão grato presente o fez deixar o quiosque e subir a serra. Logo, seguiu para o escritório de Henrique para agradecê-lo com um abraço repleto de gratidão.

Henrique desejou comprar a mobília, mas o irmão mais novo o impediu. O presente que recebera era muito mais do que ele merecia, segundo suas próprias palavras. Henrique abraçou o irmão e garantiu que ele era merecedor de muito mais que uma casa modesta, pois ele havia ficado ao lado dos pais e cuidado deles como um bom filho que era.

Capítulo 5

As horas passaram apressadas.
Henrique ainda pensava em tudo o que havia acontecido em sua vida até aquele momento quando Olavinho acordou e procurou por ele no grande sobrado. Ao ouvir a voz do pai no quarto, o menino o encontrou e o abraçou carinhosamente.

— Bom dia, papai, é hoje que vamos pescar? Disse que me ensinaria depois que mudássemos para a casa nova.

— Bom dia, filho, seria maravilhoso sairmos para essa pescaria, infelizmente, temos que organizar a casa para recebermos na próxima semana a vovó Neiva e o vovô João.

— Eles virão?! Quero brincar com o vovô na sala de brinquedos, ele é muito engraçado. Virão de verdade?

— Não acredita em seu pai, Olavinho?

— Acredito, mas, muitas vezes, eles não vieram quando disse que viriam. Adoro a vovó e aquele delicioso bolo que ela faz.

— Interesseiro. Quer apenas o bolo que ela prepara?

— Não, papai, quero brincar com eles, estou com saudades. Faz tempo que não vamos para a casa deles.

— É verdade, faz tempo que não vamos visitá-los. Acho que desde que Fabrício nasceu não descemos a serra em direção ao mar.

— Mamãe não nos acompanhava nesses passeios. Ela não gosta dos meus avós?

— Espero que, desta vez, ela não coloque mais obstáculos para receber meus pais em nossa casa.

— Não brigue com ela, papai, ela anda nervosa, não queria morar em uma fazenda.

— Eu sei. Ela desejava ficar na cidade. E você, gostou daqui?

— A nossa casa é grande, eu gostei, não tivemos tempo de conhecer tudo ontem.

— É verdade. A tempestade deixou muita lama e não pudemos sair da casa. Hoje prometo levar você e Verinha para dar uma volta em nossa fazenda.

— De verdade? Vamos sair da casa?

— Vamos sim.

— Vou contar para Verinha que vamos passear hoje.

— Não é um passeio, filho. Apresentarei a vocês as nossas terras, tem muito espaço lá fora.

— Ouvi um animal gritar de madrugada, senti medo. Ele está lá fora?

— De madrugada quem canta é o galo, ele cantou assim....
— Henrique imitou o canto do galo, e Olavinho se encolheu dizendo:

— Foi assim mesmo que ele fez. Eu acordei com esse barulho e ainda estava escuro lá fora. Fiquei com tanto medo!

— Não precisa ter medo do canto do galo. Chamarei o filho da empregada para ensinar você a ter contato mais direto com os animais da fazenda. Temos bois, cabras, galinhas, porcos...

— Porco...! Deve ser nojento!

— Não posso dizer que são perfumados, mas você se acostuma. Afinal, você adora comer as costeletas deles.

— Eu como o quê?

— Nós nos alimentamos da carne de animais. O bife que comeu ontem foi parte do boi.

— Que triste, pai, eu não quero comer carne nunca mais. Não quero matar os animais da nossa fazenda.

— Não vamos matar esses que estão aqui. Compramos a carne no açougue.

— Então posso continuar comendo carne?

31

— Pode, prometo não matar os animais da nossa fazenda. Agora desça para tomar o café da manhã, a empregada está na cozinha.

— Mamãe ainda não acordou?

— Não sei. Se ela acordou, não saiu do quarto dela.

— Este aqui será seu quarto, papai?

— Sim. Gostou da forma como organizei minhas roupas?

— Ficou bom. Quer ajuda para terminarmos rapidamente e sair para conhecer a fazenda?

— Quero. Falta apenas uma mala. Você me ajuda? Depois acordaremos sua irmã para tomarmos café juntos e darmos uma volta lá fora.

— Posso chamar a mamãe?

— Ela ficará cuidando de Fabrício. Hoje iremos apenas nós em uma expedição cheia de aventuras no campo.

Olavinho esperou que o pai abrisse a última mala, abriu uma gaveta e jogou todas as roupas dentro dela. Henrique tentava deixá-las mais esticadas e organizadas, mas percebeu que não ficariam com a ajuda do filho. Deixou a organização para mais tarde, ajudou Olavinho a despejar as roupas na gaveta e desceram depois que acordaram Verinha e a convidaram para o passeio na fazenda.

A menina esfregava os olhinhos, e o pai a pegou nos braços levando para o banheiro.

— Faça suas necessidades enquanto coloco a pasta na sua escova de dentes.

— Quero conhecer o cachorro que latiu e me acordou. Podemos ficar com ele? Mamãe não deixava ter animais em nossa casa de São Paulo.

— Querida, você quer ter um cachorrinho?

— Quero muito. Eu posso?

— Infelizmente, seu irmãozinho é alérgico a pelo de animais. Mas quem sabe teremos um cãozinho que fique do lado de fora da casa, o que acha?

— Eu quero! Oba! Posso escolher um nome para ele?

Olavinho, ouvindo a conversa, se aproximou da porta do banheiro e disse:

— Eu também quero um cachorrinho. O meu terá o nome de Magrela.

— Ele não pode dar esse nome, papai. Eu quero Magrela para o nome do meu cachorrinho. Só porque Nivaldo disse que o cachorro dele tem esse nome, Olavinho quer imitar nosso amigo. É um invejoso!

— Eu falei primeiro. Magrela será o nome do meu cachorro e não do seu. Sua menina chata!

— Não vamos brigar por isso. E se o cachorro for gordinho? Podem chamá-lo de Gordo ou qualquer outro nome.

Henrique trocou a roupa da filha, e os três seguiram para a cozinha, lá estavam Verônica e Francisca. Nivaldo estava do lado de fora, brincando próximo à porta com uma caixinha de fósforos nas mãos.

— Bom dia a todos. Parece que o sol secou a lama do caminho. Está uma manhã quente.

— Bom dia, senhor, penso que esta tarde teremos mais chuvas.

— Como pode prever a chuva, Verônica?

— Tenho um calo no meu pé direito que dói, ele me avisa que vai chover.

— Isso é engraçado. Todos os meteorologistas e a tecnologia que temos se tornam obsoletos diante da calosidade de seu pé.

— Não compreendi o que disse, patrão, mas afirmo que o calo avisa mesmo sobre a chuva. Hoje não passa sem cair um aguaceiro como o de ontem.

— Mãe, não exagera! Ontem foi um temporal horrível. As telhas foram arrancadas do galinheiro, as galinhas voaram longe, estão espalhadas ciscando pela fazenda toda — disse Francisca colocando leite na xícara de Henrique. E ela continuou:

— Patrão, o rio transbordou, e o Nivaldo encontrou peixes esta manhã no gramado perto da nossa casa.

— Nivaldo pescou peixes na grama? Esse é um pescador nato!

— Foi verdade, patrão, eu peguei uma tilápia e um bagre no granado. A mãe vai preparar para o almoço lá em casa.

— Então tem peixe em nosso riozinho?

33

— Tem muito, patrão, o antigo dono da fazenda comprava peixe vivo e jogava no lago que mandou construir. Quando alagava, os peixes desciam a cachoeira e sumiam rio abaixo. Faz tempo que ninguém pesca, e os peixes cresceram, estão graúdos, precisa ver.

— Pai, posso pescar com Nivaldo?

— Hoje não, vamos deixar para outro dia. Quero mostrar a vocês toda a fazenda, Olavinho.

— Eu também quero pescar, papai! Eu gosto de peixinhos.

— Melhor não deixar as crianças se aproximarem do rio hoje. A correnteza está forte depois da chuva — alertou Francisca.

— Ela tem razão, não podem brincar no rio quando chove. Francisca, te pago um bom salário se aceitar ser a babá das crianças. Elas não podem caminhar sozinhas pela fazenda. Minha mulher está sempre ocupada com o bebê.

— Ela aceita, patrão, estamos precisando muito de dinheiro. Quero colocar Nivaldo na escola da cidade, aqui não tem mais a escolinha para as crianças.

— O que aconteceu com a escola?

— A professora se aposentou e mudou quando venderam a fazenda. Não encontramos outra para colocar no lugar, então, foi preciso fechar a escolinha. Agora as crianças daqui e das fazendas vizinhas têm de pegar o ônibus e seguir até a cidade de Atibaia para estudar.

— Pensarei no que fazer, as crianças não podem ficar sem escola. Depois, voltaremos a esse assunto. Agora vamos ao passeio matinal com as crianças.

Henrique terminou o café da manhã com as crianças e saiu com Nivaldo e Francisca, oficialmente como babá. Ela adorava crianças e seria um serviço realizado com muito prazer.

Nivaldo e Olavinho seguiam na frente da comitiva, e um cachorro magro, de pelos brancos e amarelados pela lama onde ele insistia rolar, caminhava abanando o rabo para eles.

As crianças estavam extasiadas com a novidade de conhecer de perto a criação. Verinha ficou encantada quando Francisca entrou no galinheiro e trouxe dois pintinhos. A menina soltava gritinhos de felicidade e beijava o biquinho dos pintinhos amarelinhos.

— Posso ficar com eles, papai?

— Pode, querida, mas eles gostam de ficar junto com a família deles. Você não ficaria triste se fosse afastada do papai, da mamãe e dos seus irmãozinhos?

— Ficaria muito triste, mas eu serei a mamãe deles. Colocarei roupinhas como faço com minhas bonequinhas.

— Não pode fazer isso, Verinha. Os bichinhos são livres e não precisam usar roupas.

— Isso seria engraçado de se ver.

— Pare com isso, Nivaldo, não tem graça vestir os animaizinhos. A natureza deu a eles as penas, que os aquecem. Deus fez essa roupa para eles — disse Francisca.

— É verdade, papai?

— É verdade sim. Agora obedeça a Francisca e coloque os pintinhos no galinheiro. Temos muito para conhecer até a hora do almoço.

Capítulo 6

Eles continuaram caminhando pela fazenda até encontrarem Orlando, que remexia o cimento para trocar as janelas e portas na casa da antiga sede da fazenda. O mestre de obras transformaria o antigo espaço em uma casa aconchegante para os hóspedes. Henrique queria hospedar seus pais ali e desejava que o mestre de obras terminasse tudo na próxima semana. Sabia que seu pai adoraria ficar à vontade em uma casa confortável. Henrique perguntou:

— Terminará a reforma no prazo?

— Espero que sim. Contratei ajudantes para acelerar a reforma. Seus pais ficarão confortáveis nesta casa.

— Vovô e vovó virão para a festa surpresa de aniversário de Olavinho?

— Linguaruda! Agora não é mais surpresa, estragou os planos do papai.

— Não diga para sua mãe que Olavinho sabe da festa senão ela ficará muito brava se descobrir que não será mais uma surpresa para seu irmão. Combinado com todos vocês?

— Eu não direi nada, papai. Nivaldo também não.

— Eu ficarei calada — disse Francisca depois que as três crianças olharam fixamente para ela.

— Será nosso segredo. Desculpa, Olavinho, eu prometi a mamãe que não contaria, mas escapou. Não fique bravo, foi sem querer.

— Tudo bem, linguaruda! Eu te desculpo. Papai, nossos avós virão?

— Se refere aos pais de sua mãe?

— Sim, vovó Berenice e vovô Horácio — disse Olavinho.

— Eles estão na lista de convidados, e suas tias também.

— Oba! Tia Olga e tia Arlete também virão! Eu gosto do namorado da tia Arlete, mas a mamãe não gosta dele.

— Sua mãe gosta de todos os familiares, querida. O que disse não é verdade, filha.

— É sim, papai, o tio Alex falou bobagens para mamãe.

— Que história é essa? — Henrique pegou o filho pela mão se afastando do grupo e falou para Olavinho:

— Penso que esse também era um segredo.

— Acabei fazendo como a Verinha. Também sou um linguarudo.

— Conte o que sabe. Papai precisa saber o que está acontecendo em nossa família.

— Promete não ficar bravo ou brigar com a mamãe?

— Sou o protetor desta família, preciso saber o que aconteceu para cuidar das mulheres de nossa casa.

— Como um super-herói, papai? Você tem superpoderes?

— Tenho, diga o que aconteceu. Por que eles brigaram?

— Foi antes da mudança. Tio Alex apareceu para uma visita em nossa casa. Falou que a mamãe foi uma tola de se casar com o senhor, que era pobre e não daria tudo que ela merecia. Pai, nós somos pobres?

— Não, filho, nós temos tudo de que precisamos para ter uma vida tranquila e confortável. Aquele canalha me paga!

— Prometeu não ficar bravo.

— Está tudo bem, não estou bravo. Vocês continuem a excursão pela fazenda, fiquem com Francisca. Lembrei-me de que preciso sair.

— Pode deixar, patrão, eu levo as crianças na hora do almoço para casa. Mostrarei os porquinhos que nasceram na semana passada no chiqueiro.

Henrique, furioso, voltou para casa. Entrou no quarto de Eunice sem bater na porta para anunciar sua presença. Ela amamentava o pequeno Fabrício. Acabou se assustando com o gesto brusco do marido.

— Me assustou! Sabe que estou amamentando nosso filho. Não posso me assustar dessa forma. O que aconteceu para entrar aqui assim? Parece que viu um fantasma!

— Tem muito para me explicar, Eunice. O que está acontecendo entre você e Alex?

— Nada! Alex será meu cunhado, está de casamento marcado com minha irmã. Eles virão para a festa de aniversário de Olavinho.

— Não quero esse homem em minha casa.

— O que deu em você? Por que está me tratando assim? Sabe que eu e Alex apenas flertamos, foi antes de conhecê-lo. Não tivemos um compromisso sério.

— Por que não me contou que ele a visitou antes da nossa mudança?

— Como soube?

— Não importa como soube, confesse que são amantes!

— Olavinho com certeza deixou escapar algo a respeito. Não tenho amantes, sou fiel ao meu marido. Sente-se ao meu lado, contarei o que aconteceu. Se acalme, não quero assustar o bebê.

Henrique respirou fundo e fez o que ela pediu para ouvir as explicações da esposa.

— Alex esteve em nossa casa depois que voltou da Europa, ele tencionava reatar o que foi interrompido quando ele saiu do Brasil. Passou sete anos fora do país e imaginou que eu estaria esperando por ele, loucura da cabeça dele! Jamais dei esperança para ele neste sentido. Naquele dia, ele passou na casa de mamãe e depois de uma desculpa qualquer, Arlete deu nosso endereço. Quando entrou, estava estranho, não compreendi o que desejava ali. Realmente fui surpreendida com sua proposta de fugir para me tornar amásia dele. Fiquei indignada e acabei alterando meu tom de voz. Olavinho veio até a sala e ouviu o que ele falou antes de deixar nossa casa, disse que eu errei por me casar com você, que seríamos eternamente pobres ou coisa parecida, não me recordo bem suas palavras. Ele devia estar drogado, estava com os olhos fixos em um ponto da sala, seu comportamento era estranho, estava agitado.

— Por que não me disse que ele esteve lá?

— Tive medo de que o procurasse para tirar satisfações. Sei que alguém que usa entorpecentes se torna violento. Tive medo que ele pudesse feri-lo.

— Ele tocou em você?

— Segurou meu braço com força, tentei esconder as manchas escuras que ficaram, sabe como minha pele é sensível, qualquer coisa fica marcada. O que está pensando em fazer?

— Não quero esse safado em minha casa.

— Eu também não quero, mas ele e Arlete ficaram noivos. Como pedir para a tia das crianças não trazer o noivo para a festa? Seria muito deselegante.

— Não me importo se esse canalha esteja noivo de sua irmã, eu o quero longe de minha família. Se ele aparecer, o colocarei para fora grosseiramente.

— Não me coloque nessa situação. Ela é minha irmã, e não posso fazê-la sofrer dessa forma. Será melhor tolerar a presença dele no fim de semana. Depois, ainda podemos observá-lo como se comporta com Arlete, não quero ver minha irmãzinha sofrer nas mãos desse maluco. Por favor, seja tolerante, não crie discórdias em minha família.

— Tem razão, será melhor ficar de olho no comportamento desse malandro, também não quero que Arlete tenha uma grande decepção escolhendo um parceiro que não está à altura dela.

— Obrigada por ser tão compreensivo. Não sei o que minha irmã viu em Alex, ele é tão deselegante e rudimentar, fiquei sabendo que os dois começaram esse namoro em Amsterdã.

— Darei a você esse voto de confiança, Eunice. Agora vou me certificar sobre o término da obra da casa na qual meus pais ficarão hospedados. Almoçará conosco?

— Se faz questão da minha presença, estarei lá. Agora preciso trocar a fralda de Fabrício. Não vejo a hora de contratar uma babá para me ajudar.

— Contratei Francisca para cuidar dos maiores, pois a fazenda tem muitos perigos para os dois ficarem circulando sozinhos.

— Fez bem. Quem sabe ela não me ajuda com o bebê até a agência me mandar uma babá graduada para cuidar dele? Ninguém quer trabalhar tão distante de São Paulo.

— Melhor procurar em uma agência na cidade que vivemos. Será mais fácil encontrar o que procura.

— Não sei se existe uma agência como a de São Paulo aqui. Farei uma pesquisa na lista telefônica. Rique, ainda está bravo comigo? Ontem à noite eu estava nervosa, me desculpe pelas bobagens que falei.

— Tudo bem, passou, mas quero que saiba que não voltaremos a dormir no mesmo quarto. Levei minhas roupas para o quarto de hóspedes. Será melhor assim, dormirá sem o barulho que tanto a incomoda.

— Amor, mas assim...

— Quando desejar estar comigo, estarei em sua cama. Não quero ouvir mais nada a esse respeito. É minha palavra final.

Henrique saiu do quarto, e Eunice deixou as lágrimas rolarem por sua face, sabia que essa decisão do marido os distanciaria ainda mais. Estava ciente de que seu casamento estava por um fio, notava o desgaste de Henrique cada vez que entrava em casa. Imaginava que ele estivesse se saciando nos braços de outra mulher, raramente a procurava na cama.

Olhou no espelho desejando ter um corpo mais firme e esbelto. A última gravidez havia deixado sua barriga flácida. Desejou que o tempo voltasse e ela tivesse seu corpo perfeito de volta.

Eunice decidiu consultar um cirurgião plástico, para dar um jeito no excesso de pele abaixo de seu umbigo. Se pudesse, pegaria seu carro naquele instante e correria para o consultório do cirurgião plástico. Mas sabia que era impossível por estar distante da capital.

Prometeu a si mesma que, depois da festa de aniversário de Olavinho, faria essa pequena viagem. Imaginou que assim todos os problemas conjugais se resolveriam.

Capítulo 7

Francisca levou as crianças até o chiqueiro. A princípio, Olavo e Vera não gostaram do cheiro ruim que o lugar exalava, mas quando Nivaldo pegou dois porquinhos pequenos e os entregou às crianças, os dois ficaram encantados com os animaizinhos. Vera pediu para Francisca:

— Posso levá-lo para casa? Mamãe precisa conhecê-lo, ele é tão lindo!

— Também quero levar o meu porquinho para casa, será meu cachorrinho.

— Não podem levá-los do chiqueiro, eles precisam mamar. Vocês gostariam de ficar longe da família? — Francisca usou o mesmo argumento que Henrique havia usado com os pintinhos.

— Não, eu quero ficar com o papai e com a mamãe. E o porquinho fica comigo.

— Francisca tem razão, os porquinhos precisam ficar com seus pais — disse Olavinho com o rosto expressando certa tristeza por deixar o pequeno porquinho de volta ao cercado com os outros.

As crianças ficaram observando a velocidade que o porquinho seguiu em direção à mãe dele, grudou em uma das tetas e mamou avidamente. Nivaldo explicou:

— Eles não podem ficar longe da mãe, são pequenos e precisam do leite da porca. Se os levarmos para casa, eles morrerão de fome. Vejam como eles ficarão grandes — Nivaldo apontou para o outro lado do chiqueiro mostrando um porco grande e gordo.

Vera se assustou com o tamanho do animal e perguntou:

— Este porquinho pequenino ficará do tamanho daquele porco imenso?

— Este é o tamanho dele quando fica adulto. Veja a mãe dos porquinhos, ela é bem grande. Quer um animal desses dentro de sua casa?

— Mamãe ficaria muito zangada comigo. O cheiro dele é ruim! Parece que saiu das fraldas sujas do Fabrício.

Vera devolveu o porquinho para Francisca, e a moça o colocou no lugar novamente.

— Quero um cachorrinho e não um porquinho. Podemos ver os cachorrinhos que nasceram?

— Não é uma boa ideia, Verinha, os cachorros da fazenda são ferozes, não podemos chegar perto deles. Ficam no canil próximo à entrada da fazenda. Quando eles estão soltos, à noite, ficamos dentro de casa com todas as janelas e portas fechadas.

— É verdade, minha mãe não deixa chegar perto dos cachorros — falou Nivaldo.

— Papai disse que nós poderíamos ter cachorrinhos depois da mudança para a fazenda. Ele mentiu?

— Não, Verinha, seu pai não mentiu. Vamos confirmar com ele depois — disse Francisca.

— Papai não mente! Ele disse que não podemos ter animais dentro de casa porque nosso irmãozinho é alérgico a pelo. Recorda que a mamãe perguntou para o médico de Fabrício na última consulta? — explicou Olavinho.

— É verdade, ele disse que o bebê tem alergia a tudo. Estou triste, queria um cachorrinho!

— Não fique triste, eu deixo vocês brincarem com o Magrela — Nivaldo tentou consolar a menina.

— Eu quero agora, Nivaldo. Posso brincar com o Magrela, Francisca? Ele morde?

Nivaldo respondeu para Verinha acariciando os cabelos da criança:

— O Magrela não morde ninguém, ele gosta de nadar no rio, volta cheio de lama e pula nas pernas da gente sujando toda nossa roupa.

— Onde ele está, Nivaldo? — perguntou Olavinho.

— Deve estar tirando um cochilo em algum canto da fazenda. Ele gosta de dormir nas sombras das árvores.

Francisca consultou o relógio de pulso e ordenou:

— Outro dia podemos brincar com o Magrela. Agora vamos voltar para casa, está na hora do almoço. Tenho que ajudar minha mãe a colocar a mesa para os patrões.

— Não tenho fome, Francisca, quero conhecer toda a fazenda, ainda não visitamos as vacas e as ovelhas.

— Podemos fazer isso depois do almoço. Minha mãe precisa de ajuda na cozinha, vocês podem brincar na sala de brinquedos com Nivaldo.

— Não quero entrar na casa dos patrões. Vou pegar os ovos no galinheiro, esse é meu trabalho na fazenda, também cuido das galinhas e tenho que recolhê-las, estão espalhadas por toda a parte.

— Quero pegar os ovos com Nivaldo, brincar com os pintinhos bonitinhos! — pediu Verinha.

— Nivaldo, vamos para a casa dos patrões. Mamãe não quer você correndo sozinho pela fazenda. Depois você recolhe as galinhas, é preciso consertar o telhado do galinheiro primeiro, para depois levar as galinhas para lá.

— Não quero ficar onde não sou bem recebido.

— Mamãe não implicará com você novamente, eu prometo, você é meu amigo — disse Olavinho.

— Vamos para o sobrado, Nivaldo, ficaremos na cozinha. Mamãe precisa de ajuda para servir o almoço, sabe como ela é atrapalhada com as louças.

— Eu te ajudo, Francisca. Minha mamãe gosta dos pratos bonitos e dos talheres brilhando. Depois podemos brincar com o Magrela? — perguntou Verinha.

— Se sua mãe permitir, vocês podem brincar de jogar a bolinha para o cachorro depois do almoço.

Francisca guiou o grupo de volta para casa. No caminho, Verinha colhia cada flor para entregar à sua mãe. Suas mãozinhas estavam repletas de flores singelas, que nasciam no meio do gramado e nas encostas dos barrancos.

***

Quando chegaram ao sobrado, Verinha entrou apressada e subiu a escada para entregar as flores para mãe. Ela se esqueceu de limpar as sandálias, que traziam lama do caminho percorrido. Sujou o piso da sala, o tapete e a escada até chegar ao quarto da mãe. Eunice ficou furiosa quando Verinha entrou no quarto com os pés cheios de barro.

— Olha o que você fez! Essa lama toda no piso emporcalhou a casa. Não quero nem ver o rastro de lama que deixou até chegar aqui.

— Eu trouxe flores, mamãe. Desculpe por sujar todo o chão.

— Não pode trazer essas flores para o quarto. Sabe que seu irmão é alérgico ao pólen. Leve-as daqui, menina.

Verinha abaixou a cabeça e deixou o quarto. Francisca estava do lado de fora esperando por ela. A moça tentara segurar a menina para que ela não sujasse toda a casa com a lama das sandálias, mas não conseguiu. Verinha estava muito animada para entregar as flores para a mãe.

Quando Verinha chegou ao corredor, olhou para Francisca com os olhos tristes e entregou as flores para ela dizendo:

— Você gosta delas, Francisca? Minha mãe não gostou do meu presente.

— Ela gostou sim, querida, mas não pode ter flores na casa, o bebê é alérgico. Foi por essa razão que sua mãe ficou nervosa com você e também pela sujeira que fez. Não pode entrar carregando lama e marcando todo o piso. Vamos tirar a sandália e limpar tudo antes que dona Eunice saia do quarto para o almoço.

— Eu ajudo você, Francisca.

— Não precisa. Pegue seus chinelinhos que estão no seu quarto e desça para a sala de brinquedos. Lave bem as mãos, pois tocou nos animais da fazenda. Pegarei a vassoura e um balde com água perfumada para limpar o piso.

Verinha entrou em seu quarto de cabeça baixa, deixando as primeiras lágrimas rolar pela face. Fez o que a babá pediu e desceu com cuidado a escada que Francisca limpava.

Quando chegou à sala, a menina ficou feliz ao olhar através da grande vidraça. Lá fora estava um vaso bonito, e suas flores estavam na água enfeitando a varanda. Olavinho e Nivaldo estavam terminando de arrumar as flores no vaso e mostraram para ela.

— Ficaram lindas aqui. Não precisa chorar, Verinha. Venha brincar na varanda — disse Nivaldo tentando animá-la.

A menina correu para encontrá-los na varanda e acabou batendo de frente com o pai que, distraído, entrava na sala. Ele se assustou, mas foi rápido e segurou a filha antes que ela caísse no chão.

— Está com pressa, senhorita? — Ele pegou a menina em seus braços e pousou carinhosamente um beijo em sua bochecha rosada. Depois perguntou:

— Para onde seguia com tanta pressa? E por que andou chorando?

Verinha contou o que aconteceu e chamou o pai para ver as flores que colheu. Henrique olhou para o piso que Francisca limpava no alto da escada e disse:

— Mas que sujeira você fez. Agora sabe que não pode entrar em casa com os pés sujos de lama. Vamos providenciar chinelos para ficarem na porta de entrada, assim, quando seus sapatos estiverem com lama, você coloca os chinelos. Combinado? O piso fica limpo e ninguém ficará zangado com minha princesinha.

— Combinado, papai, eu não fiz por querer, foi um acidente, não sabia que a lama deixaria essa sujeira toda.

— Minha pequena, tem muita coisa que você precisa aprender morando em uma fazenda. Eu cresci em uma cidade do litoral e, quando entrava em casa, trazia areia da praia e sujava tudo. Minha mãe me fazia limpar para que aprendesse a deixar a casa em ordem.

— A vovó ficava zangada?

— Ficava muito zangada. Eu e meu irmão tínhamos de limpar a casa toda.

— Vou ajudar Francisca a limpar a sujeira que eu fiz. Nunca mais entro em casa com lama nos pés.

— Francisca, coloque essa princesa para limpar o piso, ela precisa aprender essa lição importante.

— Sim, senhor. Verinha, pegue a vassoura e recolha a lama que puder colocando na pá de lixo.

Os meninos também decidiram ajudar Francisca e, rapidamente, deixaram o piso de madeira reluzindo. Francisca finalmente pôde ajudar a mãe na arrumação da mesa. As crianças estavam famintas, Henrique pediu para o filho subir e chamar a mãe para o almoço.

Logo em seguida, Eunice desceu para almoçar com Fabrício em seus braços. O bebê estava agitado naquele dia e chorava incessantemente. Eunice tentou se servir dos alimentos que estavam sobre a mesa, mas com a criança em seus braços a tarefa não era fácil. Francisca veio ao seu socorro depois que colocou a última travessa na mesa.

— Senhora, posso segurá-lo para que almoce tranquilamente?

— Ele está muito agitado hoje, deve está estranhando a casa. Tome cuidado, não o leve para a varanda, pois não pode pegar vento, ele está ficando resfriado.

— Não se preocupe, dona Eunice, cuidarei bem dele.

Assim que Francisca segurou o bebê, ele parou de chorar. Olhou para ela e abriu um sorriso encantador. A moça o levou para a sala de estar e ficou ninando o bebê em seus braços. Ela estava parada em um ângulo onde Eunice conseguia observá-los.

A esposa comentou com o marido:

— Essa menina está fazendo um milagre. Fabrício parou de chorar e abriu um sorriso que nunca me deu. Ele gostou dela.

Verônica terminava de servir as crianças e ouviu o comentário da patroa, respondendo:

— Minha Francisca tem jeito para cuidar de crianças. Foi ela quem cuidou de Nivaldo quando ele nasceu. Tem muita experiência com bebês. Em seus braços parece que eles ficam calminhos e felizes. Meu Nivaldo vivia sorrindo quando estava com a irmã.

— É bom saber que ela tem experiência com bebês. Quero contratá-la para cuidar de Fabrício até chegar a babá que estou buscando em São Paulo. Pago bem por esse serviço.

— O patrão combinou com ela o pagamento para cuidar das crianças maiores, não precisa pagar mais nada. Senhora, o decorador ligou essa manhã e disse que virá trabalhar no sobrado esta tarde, pediu desculpas por não conseguir vir antes.

— Antes tarde do que nunca! Não quero ver esse homem hoje. Ficarei descansando em meu quarto enquanto ele distribui os móveis e os objetos de decoração aqui em baixo e nos outros quartos. Diga a ele que o quarto principal está decorado, eu mesma o decorei. O que preciso é de uma babá vinte e quatro horas à disposição, Fabrício ainda acorda todas as noites e chora muito. Realmente estou muito cansada por não dormir uma noite inteira nos últimos cinco meses.

— Compreendo como é cansativo ter criança pequena durante a noite. Se desejar, Francisca pode dormir no sobrado algumas noites para organizar o sono de seu filho. Ele trocou o dia pela noite, não foi?

— Verdade, ele dorme bem durante o dia e chora a noite toda. Estou muito cansada e com os nervos à flor da pele. Meus calmantes não estão mais fazendo efeito.

— O menino precisa ser educado para dormir a noite toda. Minha filha sabe como fazer isso.

— Está contratada. Esta noite Francisca dorme no quarto do bebê. Cuidaremos bem de sua filha, Verônica. Diga a ela que não pode passar perfume para ficar no quarto dele, o menino é alérgico.

— A senhora pode combinar os detalhes com ela, estou terminando a sobremesa na cozinha.

Olavinho perguntou apressado:

— O que teremos para sobremesa?

— Salada de frutas, que foram colhidas no pomar.

— Que maravilha. Temos um pomar? — perguntou Eunice.

— Ainda não caminhou para conhecer a fazenda? Temos um pomar com frutas deliciosas — respondeu Henrique.

— E muito mais, mamãe, tem porquinhos, galinhas e pintinhos. E ainda não vimos as vacas e os bebês delas — disse Verinha.

— Tem um rio e até cachoeira. Quer conhecer, mamãe? — perguntou Olavinho animado.

— Adoraria, querido, mas estou muito cansada para caminhar lá fora. Faz meses que não sei o que é dormir bem.

— Sua mãe precisa descansar. Quando ficar bem, marcaremos um piquenique às margens da cachoeira. É um local muito agradável.

— Aposto que deve estar cheio de insetos. Sabe que o bebê não pode ser picado por insetos, ele tem alergia e fica vermelho e todo inchado.

— Eu estou ciente disso. Fabrício ficará em casa com a babá neste dia. Você precisa conhecer a fazenda que comprei para vivermos.

Terminaram o almoço, e Eunice aproveitou para descansar em seu quarto. Enquanto o bebê dormiu no sofá da sala de estar, Francisca velava seu sono. Para que ela também se alimentasse, Nivaldo ficou cuidando da criança.

Mais tarde, Eunice precisava amamentar o filho, mas acabou adormecendo profundamente e, quando Fabrício teve fome, Francisca arriscou dar um suco de laranja-lima natural.

Eunice acordou seis horas depois. Ela estava completamente refeita de meses sem uma noite de sono tranquilo. A mãe desceu para amamentar o filho, os peitos dela estavam doloridos e cheios de leite. Encontrou Francisca brincando com Fabrício animadamente.

— Ele está animado! Deve estar com fome. Desculpe-me, dormi demais. Chorou muito o meu pequeno?

— Não chorou. Dei para ele um pouco de suco de laranja-lima, ele adorou.

— Será que não fará mal? E se ele for alérgico?

— Já se passaram duas horas que tomou o suco, não teve reação alérgica.

— Às vezes, tenho medo de colocar outros alimentos na dieta alimentar dele, ele tem alergia a tudo.

Eunice começou a amamentar. O bebê mamava fazendo careta.

— Ele sempre mama demonstrando insatisfação?

— Sim, é difícil ele sugar o leite, espera que pingue em sua boca, isso me deixa muito irritada. Preciso fazer força para me manter calma nesses momentos.

— Dona Eunice, o menino não gosta de leite. A senhora precisava ver como ele tomou o suco de laranja, sugou a mamadeira mostrando que estava faminto. Penso que ele tem fome, e por essa razão chora tanto.

— Mas como pode um bebê não gostar de leite materno?

— Existem crianças que não gostam. Cuidei de uma menininha, filha de colonos da fazenda, que não gostava de leite, nunca conseguiu mamar. Hoje ela não pode ver leite que fica enjoada, mas tem muita saúde.

— Será que este é o caso de Fabrício? Será que essa é a razão de ele chorar tanto? Meu filho tem fome?

— Podemos dar a ele um pouquinho de alguns alimentos e ver como reage.

— Não quero arriscar. Ligarei para o pediatra para saber a opinião dele. Se liberar outro tipo de alimento, prosseguiremos da forma como ele aconselhar.

Eunice ligou e ficou pasma quando o pediatra liberou uma sopinha de legumes bem cozidos e com pouquíssimo sal, apenas uma pitada em uma panelinha de sopa. Verônica preparou a sopa como fazia para seus filhos. Francisca foi colocando colheradas na boquinha do bebê, que absorvia o alimento com voracidade.

— Ele não pode comer muito. O pediatra disse meio prato de sobremesa, creio que esteja na hora de parar. O que fazer agora que está com a barriguinha cheia?

— Distrairei a criança com brinquedinhos para que não queira dormir sem fazer digestão. Esta noite dormirei aqui com ele.

— Francisca, essa é uma notícia maravilhosa para uma mãe que está exausta. Não tem que estudar? Que horário segue para o colégio?

— Eu não estudo desde que fecharam a escolinha da fazenda.

— Isso não está certo. Em que série parou de frequentar a escola?

— Estava cursando o ensino fundamental, no sétimo ano. Quando a professora se aposentou e deixou a escola, ela administrava aulas para todas as séries. Cada fileira de alunos cursava graus diferentes. Foi uma pena, mas não teve outro jeito, o dono da fazenda faleceu, e os filhos convenceram a mãe a vender a fazenda e se mudar para uma casa confortável em Atibaia. Eles queriam ficar mais próximos da mãe.

— Então aqui na fazenda existe uma sala de aula?

—Tínhamos uma escolinha completa. O patrão comprava o material que as crianças precisavam. Tínhamos uma biblioteca com muitos livros.

— Onde estão todos os livros e o material que usavam na escola?

— Os filhos do fazendeiro levaram, disseram que não precisaríamos mais daquele material.

— Mas que absurdo! Existem muitas crianças que vivem na fazenda?

— No momento, temos quinze, sem contar com seus filhos.

— E ninguém está estudando?

— Não.

— Precisamos mudar essa situação. Verinha, chame seu pai na biblioteca, diga que precisamos dele aqui na sala.

— O papai não está na bliteca, não sabia que tínhamos uma bibli... Ele está na sala de brinquedos com os meninos.

— Essa é boa! Henrique brincando com os meninos! Se estivéssemos em São Paulo, ele estaria diante da TV assistindo ao futebol.

— Fabrício acabou dormindo. Quer que o leve para o quarto dele?

— Ainda não, deixe-o no sofá enquanto conversamos, Francisca. Penso que Henrique não foi informado sobre as crianças da fazenda estarem fora da escola.

Naquele momento, Henrique chegou à sala e comentou:

— Verônica me deixou ciente do que aconteceu na fazenda quando a compramos. Essas crianças não podem ficar fora da escola.

Eunice explicou junto com Francisca o que aconteceu, e Henrique perguntou para a babá:

— O que pensa ser mais correto: contratar um professor ou um ônibus para levar e buscar as crianças na escola?

— A cidade fica longe da fazenda. Não ficaria barato contratar uma condução para os alunos, penso que um professor seria melhor.

— Também penso da mesma forma. Um professor se dedicaria mais às crianças, e elas aprenderiam mais do que em uma sala de aula repleta de alunos.

— Amanhã me leve até o local, quero ver como estão as dependências desta escola. Tudo nesta fazenda parece que veio do século retrasado.

Ficaram conversando por horas até que Verônica chamou Nivaldo para voltarem para casa. Foi quando Eunice segurou a mão de Nivaldo entre as suas e pediu-lhe desculpas por ter sido grosseira. Alegou estar no auge de uma crise nervosa. O menino aceitou as desculpas.

Era tarde da noite quando se apagou a última lâmpada do sobrado, e todos pegaram no sono.

Capítulo 8

Eunice esperou a casa ficar em silêncio para sair do quarto. Ela entrou no cômodo ao lado, onde Henrique dormia. Imaginou que o marido havia colocado as crianças na cama e retornado para o quarto havia alguns minutos. Ela finalmente estava sem sono e teria uma noite agradável com o cônjuge, mas precisou tomar coragem para entrar no quarto dele, não foi educada para ser uma mulher atirada, preferia que ele tomasse a iniciativa.

Henrique havia caído no sono havia algumas horas, foi Francisca quem colocou as crianças na cama, contou historinhas infantis para os dois e beijou os rostinhos, depois seguiu para o quarto do bebê.

Eunice deitou ao lado do marido com delicadeza, beijou seus lábios várias vezes, porém, Henrique estava imerso em um sono pesado e não despertou com os carinhos da esposa. Ela imaginou que o marido estivesse fingindo que dormia para não tocá-la. Eunice deixou o quarto se sentindo muito humilhada pela rejeição. Bateu a porta com força e, furiosa, voltou para seu quarto. Na cabeça da mulher, Henrique não a desejava por ter uma amante em seu escritório. Tinha certeza de que ele a trocou pela secretária, uma moça dez anos mais nova que ela e muito bonita.

Com a batida forte na porta do quarto, Henrique acordou. Assustado com o barulho, ele correu para o quarto de Vera para se certificar de que ela estava bem, depois seguiu para o quarto de Olavo e ficou mais calmo quando percebeu que os dois dormiam tranquilos. Desejou olhar o quarto do bebê, mas recordou-se de que Francisca estava lá com ele.

Henrique voltou para o seu quarto imaginando que o barulho, que o despertou, foi de uma porta batendo com o vento, que soprava forte lá fora. Ele deitou-se novamente e rapidamente adormeceu. Se tivesse olhado no quarto de Eunice, descobriria que ela estava profundamente triste e liberava seu pranto sofrido em gemidos, que eram abafados pelo travesseiro.

O marido, no outro cômodo, acordou alguns minutos depois atordoado por um pesadelo. Nele, um homem, em cujo rosto dentes escurecidos se destacavam, o perseguia cobrando retratações sobre o passado. No início, Henrique não compreendia o que aquele estranho estava dizendo. Mas uma imagem surgiu em sua mente e pôde ver Eunice com trajes antigos, do início do século passado, abandonando uma linda casa no meio da noite em sua companhia. Na janela, uma mulher ainda jovem desfalecia em um lamento de dor. Henrique ficou tocado com a cena, e o homem de dentes podres continuava gritando palavras desconexas. Logo, Henrique despertou assustado, com o coração acelerado em seu peito e o corpo coberto de suor.

Pulou da cama e com as mãos fez um gesto na frente do próprio rosto, na esperança de afastar o homem asqueroso, que gritava impropérios. O subconsciente de Henrique foi despertado por alguns segundos, e o passado se fez presente quando Eunice entrou no quarto e acendeu a luz perguntando:

— Por que está gritando? O que aconteceu?

— Ele quer me pegar, e a culpa é sua, Virgínia!

— Ficou louco! Meu nome é Eunice! Quem é Virgínia? Aposto que é o nome de sua amante.

Neste momento, Henrique é puxado para a realidade do presente, cai sentado sobre a cama quase num desmaio. Ele estava pálido e seus lábios tremiam como se estivesse com muito frio.

Eunice já fechava a porta com raiva quando percebeu que o marido estava passando mal. Francisca e as crianças se posicionaram atrás dela.

— O que está acontecendo com papai? — perguntou Verinha fazendo biquinho para chorar.

Olavinho estava trêmulo e seus lábios estavam sem cor. Ele dizia baixinho para Francisca:

— Tem um monstro no quarto do papai! Ele quer pegá-lo. Ajude, Francisca, não podemos deixar que o monstro leve meu pai.

Eunice entrou no quarto para socorrer Henrique, que escorregou da cama e estava tendo um ataque epilético, se debatia e se contorcia deixando escorrer uma baba grossa da boca.

Eunice não sabia como agir. Pediu que Olavinho cuidasse da irmã e a levasse para a cozinha, lá embaixo. Desesperada, chamou por Francisca sem saber o que fazer.

Francisca reconheceu o ataque epilético e fez os procedimentos necessários para ajudar durante a crise. Colocou a cabeça de Henrique de lado sobre um travesseiro, deixou as vias respiratórias livres. Pediu para Eunice pegar uma toalha no banheiro e limpar a baba que escorria da boca do marido.

— O que está acontecendo com ele? Preciso chamar um médico, uma ambulância? Vamos gritar por ajuda.

— Mantenha a calma, senhora, ele está tendo um ataque epilético. Meu pai teve várias crises, e o médico me ensinou como proceder nesses casos. Fique calma, logo os espasmos diminuirão, e ele voltará ao normal.

— Meu Deus! Isso parece um pesadelo terrível. Henrique sempre teve boa saúde.

Alguns minutos depois, Henrique parecia que estava dormindo, seus músculos relaxaram. Eunice tentou acordá-lo chamando por ele. Francisca limpou o vômito com a toalha de banho e pediu:

— Dona Eunice, pegue outra toalha para ele se secar depois do banho, o levaremos para o chuveiro. Creio que seja melhor chamar por um dos colonos da fazenda para ajudar nesse banho. Não temos força para conduzi-lo ao banheiro.

— Faça isso, e leve as crianças para a casa de sua mãe, não quero que elas vejam o estado lastimável do pai.

— Quer que eu leve o Fabrício também?

— Não, ele está dormindo tranquilamente. Estou ouvindo Verinha chorar, pobrezinha, deve estar muito assustada. Seu irmão tem o dom de deixar meus filhos mais calmos. Peça para sua mãe vir me ajudar, fique você com as crianças em sua casa.

Francisca levou as crianças para a casa dela. Chamou pela mãe, que estava dormindo tranquilamente. Verônica acordou assustada. Francisca contou a ela o que aconteceu, e ela se apressou para chegar ao sobrado.

Pouco depois, Verônica rapidamente atendeu ao chamado da patroa e entrou no quarto de Henrique.

— Mandou me chamar, dona Eunice?

— Os homens não virão nos ajudar no banho em Henrique?

— Achei melhor não expor o patrão aos comentários desagradáveis dos colonos, nós duas podemos levá-lo. Quando meu marido tinha uma crise dessas, ele ficava obediente, bastava conduzi-lo que fazia tudo que eu pedia. Quer ver? Fale com ele com suavidade na voz. Peça que se sente e se levante.

Eunice estava muito nervosa, contudo, tentou falar calmamente com o marido. Ela pediu e percebeu que Henrique, mesmo estando com os olhos fechados, respondeu lentamente.

Com a ajuda de Verônica, o homem foi conduzido ao chuveiro e, após o deixarem limpo, a esposa secou o corpo dele, as duas vestiram o pijama e o levaram para o quarto de Eunice. Lá, o acomodaram na cama e o deixaram descansando. Cansadas, elas decidiram tomar um chá calmante na cozinha.

— Colocarei água para ferver e vou até em casa chamar as crianças para comerem um lanche. Apesar de ser madrugada, elas devem estar com fome.

— Faça isso, Verônica, traga seus filhos também.

Dez minutos depois, todos se reuniram na cozinha. Eunice explicou para as crianças que o pai estava bem. Ela tentava acalmar os filhos.

— Podemos vê-lo, mamãe? — perguntou Verinha.

— Se não fizerem barulho, podem, ele precisa descansar.

— Eu não quero subir lá, tem um monstro ao lado do papai. Ele quer levá-lo....

— Não tem nada ao lado de seu pai. Não fantasie, Olavinho!

— Tem sim, eu vi. Ele é muito feio, quer ferir o papai. Cobra coisas que o papai não se recorda direito.

— Pare de bobagens, Olavinho!

— O homem está cobrando uma promessa que papai fez antes de nascer, ele não vai parar até papai cumprir essa promessa.

— Quieto, menino! Não sabe o que está dizendo. Eu o proíbo de falar essas bobagens. Não vamos começar novamente com essas visões estranhas, que só você pode ver! Fique calado ou o levarei novamente para seu analista. Quer voltar a tomar calmantes?

— Não quero, mas deveria acreditar no que digo, pois o homem também pode atormentar seus sonhos. Verá que tenho razão. Ele está lá e diz que não libertará o papai enquanto a promessa não for cumprida, disse que trato é trato e não pode ser quebrado ou esquecido. Disse que veio para lembrar papai sobre um acordo.

— Chega, Olavinho! Suba para seu quarto e fique lá de castigo. Não percebeu que está assustando sua irmã?

Olavinho gritou que não subiria, o monstro estava lá em cima. O menino correu para a sala de brinquedos, e Nivaldo foi atrás dele para acalmá-lo.

— Calma! Não pode agir assim, sei que está dizendo a verdade, penso que as mães não conseguem enxergar o que as crianças podem ver. Podemos ajudar seu pai se ele se lembrar de que promessa é essa?

— Você me ajuda com um plano para espantar esse monstro da casa?

— Claro, me diga o que fazer, e eu faço.

— Lembra-se do segredo que te contei sobre ter um amigo espiritual?

— Sim, me lembro de que disse que ele te ajudava. Pedirá ajuda a ele?

— Sim.

— E como entra em contato com ele?

— Respiro fundo e chamo por Camilo, só no pensamento, ele responde dentro da minha cabeça. Quer ver?

— Quero muito ver, mas creio que não posso, não sou especial como você.

— Eu não sou especial, sou igual a você. Se acreditar com força, você pode vê-lo também.

Os meninos ficaram na sala de brinquedo chamando pelo espírito de Camilo.

Capítulo 9

Uma luz tênue foi notada por Nivaldo na sala, Olavinho correu em direção à porta de entrada dizendo:

— Ele finalmente chegou! Pode vê-lo, Nivaldo?

— Vejo uma luz diferente na porta da sala, apenas isso.

— A luz é Camilo, meu amigo, quero te apresentar a ele, não tenha medo, meu amigo é bonzinho, sempre me ajuda quando preciso.

Olavinho conversou com o espírito. Nivaldo, de início, imaginou que o amigo está fantasiando, como costumava fazer nas brincadeiras. Mas Olavinho continuou conversando com a porta de entrada da sala de brinquedos. Nivaldo ficou incomodado com aquilo e fez uma pergunta tentando testar Olavinho.

— Pergunte ao seu amigo se ele pode responder por qual nome meu pai era conhecido na fazenda?

— Ele disse que os amigos o tratavam de Camarão, por ficar com a pele do rosto avermelhada pela timidez.

Nivaldo deu um passo para trás espantado, sabia que não havia feito esse comentário com Olavinho. Como ele poderia saber a resposta? Um tanto temeroso, Nivaldo pediu mais uma prova perguntando:

— Qual o apelido que meu pai deu à minha mãe?

— Ele disse que seu pai a chamava de minha cocada. Disse que ela adora esse doce. Está certo? Ainda dúvida? Eu não saberia responder o que perguntou sobre sua família.

— Tem razão, eu acredito em você, existe mesmo um espírito respondendo às perguntas. Pergunte a ele como podemos ajudar seu pai e tirar o monstro desta casa e da fazenda?

— Camilo pede para não tratarmos o espírito rudimentar dessa forma grosseira. A aparência dele condiz com a vibração em que ele se encontra.

— Não compreendi o que disse, mas como posso chamar o espírito que você diz que está no quarto de seu pai, lá em cima?

— Camilo disse que espírito não é um inimigo para ser temido. Ele veio para despertar meu pai para um compromisso que foi acertado antes do nascimento dele neste planeta. Quando um encarnado se compromete a executar uma tarefa, antes de reencarnar, é permitido, quando se demora a realizá-la, que um espírito envolvido no caso venha despertá-lo para cumprir o que prometeu. É apenas um lembrete da tarefa que precisa ser cumprida.

— Meu Deus! Como vamos ajudar seu pai a cumprir uma promessa que ele não se recorda qual seja?

— Camilo disse que ajudará nesse caso. Afastará o espírito do sobrado para que papai tenha uma noite de sono tranquila. Promete também que nos ajudará a elucidar o esquecimento dele.

— O que é elucidar?

— Em palavras mais compreensíveis para nosso entendimento, elucidar é explicar, esclarecer.

— Entendi. Ele explicará que compromisso é esse que seu pai assumiu antes de nascer. Mas que coisa! Nós já nascemos devendo!

Camilo abriu um sorriso, e Olavinho fez o mesmo. Nivaldo perguntou indignado:

— Por que está sorrindo? Disse algo engraçado?

— Não, ele sorriu da forma como você falou. Eu também sorri.

— Não vejo graça em nascer cheio de tarefas para cumprir. Não basta ter de trabalhar duro toda a vida?

— O que vocês estão fazendo parados à porta? — perguntou Francisca.

— Nada. Não conte nada para ela. Não acreditaria mesmo em nosso amigo Camilo.
— Realmente, neste horário não creio nas bobagens que os dois falam. Vamos subir para dormir um pouco.
— Não vou subir. O espírito ainda está lá, no quarto de papai.
— Você disse espírito? Eu tenho medo disso, também não quero dormir nesta casa — disse Verônica, que estava se aproximando da entrada da sala de brinquedos e ouviu o último comentário de Olavinho.
— Mãe, dona Eunice precisa de nossa ajuda esta noite. Não seja covarde, dona Verônica. Dormirei no quarto do bebê, a senhora fica no quarto com Verinha, e os meninos dormem no quarto de Olavinho. Dona Eunice cuidará do marido em seu quarto.
— Os meninos ficam falando de espíritos! Não gosto desse assunto assustador. Não sabem quantos fantasmas existem por essas bandas. À noite, eles saem do mato e vêm assustar a gente. Para afastá-los, é preciso acender uma vela para o anjo da guarda.
— Não comece com essa bobagem, mãe. Vamos subir e encerrar esta noite agitada.

Francisca não acreditava nas crendices da mãe. Verônica trazia em sua forma de encarar a vida todos os conceitos supersticiosos aprendidos com seus pais e avós. Muitas vezes, parecia que ela vivia no início do século. Francisca estava sempre atenta para as tolices que Verônica passava para o filho, ela contradizia a mãe diante de Nivaldo, para que ele não absorvesse a mesma forma de pensar. Muitos colonos na fazenda também espalhavam crendices. Era difícil para Francisca impedir que a mente do irmão fosse tomada por crenças absurdas.

Nivaldo aceitava as explicações da irmã com alguma reserva, gostava quando ela mostrava estudos científicos, que desmentiam a crença dos colonos da fazenda Vereda.

— Francisca, não é mentira, estamos falando com um espírito. Olavinho consegue vê-lo, respondeu minhas perguntas corretamente, e juro que Camilo acertou.

— Não quero discutir com você hoje, Nivaldo, pare com isso. Não entre nas brincadeiras de Olavinho como se você fosse ingênuo. Você é mais velho que ele, deveria colocar ordem nas brincadeiras de seu amiguinho.

— Estamos falando a verdade! Camilo veio ajudar meu pai. Se não acredita, faça uma pergunta que ele responde.

— É verdade, ele acerta tudo, pergunte qualquer coisa.

— Por que pararam aqui? Vamos subir para descansar. Vamos, meninos. — Eunice não percebeu o assunto que estavam abordando ali, ela parou no primeiro degrau da escada e ficou esperando o grupo segui-la.

Eunice havia sentido uma coisa estranha quando entrou no quarto durante a crise do marido, suas costas ficaram arrepiadas e seu corpo ficou gelado. Pareceu ouvir sons estranhos no quarto durante a crise que Henrique sofreu. Imaginou que fossem o nervosismo e o pavor de ver seu amado naquele estado. Acabou esquecendo as bobagens que foram lançadas em sua mente pelo espírito, que adentrou sua casa. Não se recordava por que havia chorado antes de ouvir o barulho no quarto ao lado.

Camilo se aproximou de Eunice e lançou sobre sua cabeça a luz branca que saía das mãos dele, com filamentos prateados que penetravam na mente dela. Eunice foi tomada por uma leveza que há muito tempo não sentia.

Bocejou gostosamente e começou a subir a escada. Olavinho estava parado diante da porta junto com Nivaldo e o resto do grupo. O menino disse:

— Mamãe, tome conta de seus pensamentos, não permita invasões externas.

— Querido, está tudo bem agora. Sigam para seus quartos, todos nós precisamos dormir um pouco. Quando o dia clarear, levarei o papai ao hospital da cidade. Verônica, traga Verinha e se acomodem no quarto dela, por favor.

Verônica pegou a menina, que estava no sofá dormindo, nos braços, e subiu atrás da patroa.

Francisca empurrou os meninos em direção à escada, apagou a luz da sala de brinquedos e notou uma claridade diferente na soleira da porta. Ela fechou a porta e continuou empurrando os meninos.

— Gostaria que acreditasse em Olavinho. Ele é especial e pode ver os espíritos — disse Nivaldo em tom baixo para os demais não ouvirem.

— Pare de bobagem, menino — Francisca ralhou com Nivaldo enquanto se dirigia a Olavinho.

— Sua mãe sabe que você acredita nisso?

— Não conte para ela, que não acredita que eu posso ver e ouvi-los. Tenho amigos que me ajudam para não ficar com tanto medo. Camilo é um deles.

— Quieto, Olavinho, ou conto para dona Eunice o que está dizendo sobre espíritos de pessoas que morreram. Não sabe que quem morreu não volta para contar o que acontece com os mortos?

— Você se diz tão esperta, Francisca, e não aceita a verdade quando está na sua frente. Camilo disse para pesquisar sobre o assunto e tentar desmenti-lo. Afirma que está na hora de todos nesta casa conhecerem a verdade, falou também que precisaremos de sua ajuda.

— Silêncio, ou acordará seu pai. Diga para seu amiguinho imaginário voltar amanhã para brincarem juntos. Hoje realmente precisamos dormir — determinou Francisca para finalizar o assunto.

Nivaldo sorriu e cutucou com a ponta do dedo indicador Olavinho, que estava no degrau acima. O grupo se dividiu e os meninos entraram no quarto sorrindo.

— Ela realmente pensa que está brincando! Pergunte a Camilo se ele pode voltar amanhã?

— Camilo foi colocar o espírito assustador para fora. Não está mais aqui. Melhor ficar quietinho para não despertar o papai.

— Será que o médico descobrirá a doença que seu pai tem? — perguntou Nivaldo.

— Ele não está doente. Como você é burro! O ataque foi um aviso para cumprir a promessa que fez.

— Não sou burro, só não consigo acreditar que nascemos com compromissos com espíritos que ficam no céu ou no inferno.

— Não sei onde estava o espírito que parecia um monstro e que veio cobrar o papai. Penso que deveria estar em um lugar muito feio e escuro, não conheço o inferno.

— Eu também não quero conhecer. Melhor ser um bom menino e, quando morrer, seguir para o céu, como minha mãe fala.

Francisca entrou no quarto e apagou a luz dizendo boa noite. Os dois se calaram e pegaram rapidamente no sono.

Capítulo 10

A manhã de domingo estava se findando quando Verônica despertou, no sobrado, e seguiu para cozinha para preparar o café.

Os colonos da fazenda comentaram que ouviram um barulho na madrugada, imaginaram que os novos proprietários estivessem dando uma festa. Por essa razão, um dos colonos prendeu novamente os cachorros que costumavam fazer a segurança da fazenda durante a madrugada.

A estranheza maior foi quando o leite que foi deixado na varandinha da casa de Verônica, como era de costume dos empregados que dividiam o produto que sobrava da ordenha e não era vendido, não foi recolhido por ela.

As crianças foram chamar Nivaldo para jogar futebol no sítio do vizinho, e o menino não respondeu ao chamado. Algo incomum de acontecer aos domingos de manhã.

As mulheres esperavam por Verônica na missa, que o padre realizava uma vez por mês na capela da fazenda conforme combinado com o primeiro morador do lugar. Elas bateram na porta da casa da companheira e não tiveram resposta.

Após a missa, todos os colonos estavam assustados com o silêncio na casa de Verônica. Comentários esdrúxulos não faltaram na tentativa de explicar a ausência da família da viúva. Caio também estava preocupado com a ausência de Francisca no encontro costumeiro dominical.

Uma das mulheres tomou a iniciativa de bater na porta do sobrado. Estava preocupada e precisava ter notícias de seus caros amigos. Verônica estava na cozinha preparando o café quando ouviu as batidas na porta. Para que não continuassem batendo e despertassem os patrões, ela deu a volta pela varanda e se assustou com a multidão de colonos que se posicionou ali. A mulher indagou assustada:

— O que está acontecendo? A fazenda está pegando fogo para todos ficarem aqui com essas caras assustadas?

Maria tomou a frente das pessoas que estavam ali e explicou a situação:

— Estávamos procurando por você! Cansamos de chamá-la em sua casa. O que faz aqui? Onde estão seus filhos?

— Dormimos aqui, a patroa precisou de ajuda a noite passada.

— Aconteceu uma festa e tanto para precisarem de seus serviços durante a madrugada.

— Não houve festa alguma. O patrão teve uma síncope, foi terrível! Foi parecida com as crises que meu marido tinha antes de morrer.

— Meu Deus! Será que venderão a fazenda novamente? O patrão está doente e pode mor...?

Verônica falou em tom mais baixo para somente Maria ouvi-la:

— Não diga bobagens, ele ficará bem. Volte para casa, pois anda falando demais. Maria, mais tarde passarei lá para conversarmos.

Verônica se aproximou da mureta da varanda dizendo em tom alto para todos a ouvirem.

— Obrigada pela preocupação conosco, estamos todos bem. Apenas dormimos no sobrado a noite passada, voltem para casa e tenham um bom domingo de descanso.

Os colonos notando que Verônica estava bem se retiraram lentamente. O padre, que estava entre eles, ficou preocupado com a família e se aproximou de Verônica dizendo:

— Que susto nos deu, dona Verônica. O povo comentou na missa que a senhora e seus filhos haviam desaparecido da fazenda.

— Essa gente fala demais, padre. Quer entrar e tomar uma xícara de café fresquinho conosco?

— Será um prazer.

— Entre, padre, mas temos que dar a volta, a porta da frente está trancada por dentro. Sabe como tem medo esse povo que vem de São Paulo. Tudo tem que ficar bem trancado para se sentirem seguros.

— Na cidade também não está diferente esse estado de alerta em que as pessoas se colocam. Parece que o medo tomou conta do mundo.

— Eu também tenho medo, padre Luís, basta ligar a TV para ficar sabendo da violência que anda nesse mundo. Entre, padre, acabei de passar um café fresquinho. Desculpe não o convidar para almoçar, dormimos tarde ontem, ainda não comecei a preparar o almoço. O patrão teve uma crise feia.

— Não me diga, Verônica. Ouvi dizer que é um moço novo ainda. Peço a Deus que cuide da saúde de seu patrão, esse homem tem muitos colonos para sustentar nesta fazenda.

— Não se preocupe. Dinheiro não é problema para essa família. São muito ricos.

— Verdade! É bom saber, assim posso pedir donativos para os pobres de nossa cidade.

— Dona Eunice é uma mulher muito boa, não negará ajuda aos pobres de sua igreja.

Naquele momento, Eunice entrou na cozinha e se assustou com as vestes do homem que conversava com Verônica. Olhou para ele e tentou abrir um sorriso cordial.

— Boa tarde, senhora, desculpe ter invadido sua casa.

— Dona Eunice, este é o padre Luís, ele reza a missa uma vez por mês na capela da fazenda.

Eunice estendeu a mão para cumprimentá-lo, e o padre acolheu o gesto.

— É um prazer conhecê-lo, padre Luís, que bom despertar e encontrar um servo de Deus em minha casa.

— O prazer é meu, senhora. Soube que seu marido está adoentado. Receba meus préstimos em restabelecimento à saúde dele.

— Obrigada. Henrique continua sonolento. Não sei o que fazer para despertá-lo.

— Se desejar, posso fazer uma oração para o doente acamado.

— Eu agradeço, tome seu café, depois subiremos ao quarto. Infelizmente, não tivemos descanso a noite passada, ou poderia almoçar com minha família.

— Não se preocupe, senhora, este bolo de aipim está delicioso. Verônica cozinha muito bem, fez bem em contratá-la.

O padre terminou de comer, se levantou e caminhou até a copa, de onde pôde dar uma espiadela em parte da sala de estar e da sala de brinquedos, e comentou:

— Vejo que seu marido mandou construir uma bela casa para a família. Realmente esta casa não parece que fica situada na zona rural de nossa cidade. Lembra muito as casas que temos na área nobre de Atibaia. É uma verdadeira mansão.

— Gostamos de conforto. Não sairia de São Paulo para viver em um casebre no campo. Meu marido é engenheiro, adora construções. Desenhou a planta da casa ao gosto dos moradores.

— De muito bom gosto, senhora. Foi bom mencionar que seu marido é engenheiro, quem sabe ele não possa elaborar um projeto em nossa paróquia, quero construir um campanário. Tenho um esboço em mente, mas não sei se é viável.

— Quando Henrique estiver melhor, poderá instruí-lo em seu projeto. Venha comigo, padre Luís.

Os três subiram a escada e entraram no quarto de Eunice.

Francisca, Verinha e os meninos ficaram parados na porta do quarto deles, todos ouviram uma voz masculina e correram para ver quem estava ali. Quando viram o padre de batina entrando no quarto onde estava Henrique, as crianças se assustaram. Verinha agarrou as pernas de Francisca dizendo:

— Esse homem não é um médico. O que ele faz aqui com meu papai?

— É o padre Luís. Hoje foi dia de missa na capelinha da fazenda, pena que eu dormi demais. Acabei me esquecendo do encontro com Caio! Mais tarde, irei à sua procura. Quanto ao padre, ele quer apenas orar para restabelecer a saúde de seu pai. Não se assuste. Quando meu pai estava doente, ele sempre orava em seu leito.

— Seu pai morreu, Francisca. O mesmo pode acontecer com o meu?

— Não! O patrão teve uma crise epilética. Meu pai teve tantas crises dessas e não morreu por esse motivo. Seu pai ficará bom, eu garanto, Verinha.

Os meninos, que estavam parados na porta ao lado, entraram no quarto de Vera, e Olavinho disse:

— Nosso pai precisa realizar uma tarefa. Ele prometeu antes de nascer que faria algo para um amigo, que ficou lá no céu.

— Que absurdo continuar dizendo isso, Olavinho! Quem falou essa bobagem?

— Não é bobagem! Meu pai prometeu e tem que se recordar da promessa que fez, Francisca.

— Ora! Isso não é verdade! Não existíamos antes de sermos criados por Deus. Nosso corpo é gerado no ventre de nossa mãe, e assim nascemos quando estamos prontos para sair da barriga.

— Isso é verdade, eu vi uma mulher com uma barriga grande, o bebezinho mexia fazendo uma bolinha que saltava no barrigão, eu vi — falou Verinha.

— Eu também vi a Maria, nossa vizinha, com uma barriga grande. Ela disse que estava esperando um bebê. E nasceu a Fátima — disse Nivaldo.

— É assim que nascemos, Olavinho. Como seu pai poderia ter prometido alguma coisa a alguém se ele não existia antes de nascer?

— Não me importo se não acredita no que estou dizendo. Meu amigo Camilo falou a verdade, disse para você procurar as provas que a espiritualidade não existe. Meu pai precisa de nossa ajuda, pois aquele espírito não o deixará em paz enquanto ele não cumprir o que prometeu.

— Digamos que eu acredite em um garotinho de cinco anos, quase seis. Como ajudaríamos seu pai a se lembrar? — Francisca tentava ser mais branda com Olavo.

— Camilo disse para ficarmos no bem e jogar sobre o papai uma luz brilhante que vem do alto.

— Vamos retirar a lâmpada do lustre para jogar no papai? — Verinha perguntou de forma inocente.

Todos riram, e a menina, envergonhada, se encolheu em um canto do quarto.

— Não é nada disso, menina burra! Quando falo de jogar a luz, é para imaginar que uma luz clara vinda do céu cai sobre nosso pai. Isso deixará ele melhor. Camilo me ensinou.

— Não fale assim com sua irmã, Olavinho. Ela não é burra, é uma menina muito inteligente, esperta e linda.

Verinha saiu do cantinho que se enfiou e falou triunfante para o irmão:

— Eu sou tudo que ela disse, você que é um chato.

— Sem brigar com ele, Verinha. Vamos descer para comer alguma coisa na cozinha. Sinto um cheiro delicioso do bolo de aipim da mamãe.

— O que é aipim, Francisca? Eu não como isso — disse Verinha.

— Aposto que adorará o bolo que minha mãe prepara. Aipim é mandioca, uma raiz branca que nasce embaixo da terra. Agora vamos em silêncio, não podemos atrapalhar as orações do padre Luís.

Capítulo 11

Por mais que Eunice chamasse por ele, Henrique não notou a presença do padre. O homem não conseguia acordar completamente. Estava semiconsciente, seus olhos estavam entreabertos, não interagia com as pessoas.

Inconformado com o estado do engenheiro, o pároco deixou o sobrado depois de uma hora. Olhou as crianças que estavam brincando na varanda depois do café da manhã e ficou triste pelo pai delas estar doente.

Depois que o padre se foi, Eunice se arrumou e vestiu uma roupa confortável no marido. Acompanhada de Verônica, as duas o colocaram no carro e partiram para a cidade. A esposa queria levá-lo a um hospital bem-conceituado da região. As mulheres deixaram as crianças aos cuidados de Francisca e Maria, que foi chamada para preparar o almoço para as crianças.

Verinha fez muitas perguntas a Maria, depois que notou que ela estava com a barriga grande mas não estava grávida.

As crianças, depois do almoço, continuaram brincando na varanda até anoitecer, o que causou medo a Olavinho e Verinha, que não estavam acostumados a viver longe das luzes da cidade.

Verinha avistava ao longe algumas luzes fracas que quebravam a escuridão, ficou aterrorizada quando notou que as luzes se moviam no ar de um lado para o outro. Correu para perto de Francisca, que cuidava de Fabrício, que estava deitado no carrinho. Desesperada, Verinha agarrou as pernas da moça.

— O que está acontecendo com você? Por que todo esse medo, Verinha?

Ela não falava, apenas apontou para o alto das árvores, onde vagalumes se exibiam majestosamente quebrando a escuridão. Olavinho olhou para a direção que a irmã apontava e também se assustou imaginando ser um ataque de seres vindo das estrelas.

— O que é aquilo? Vamos entrar antes que os invasores do espaço nos capturem como assisti no desenho ontem.

— Calma, Olavinho! Não é um ataque, são apenas insetos que têm uma luminescência que se destaca no escuro — disse Francisca tentando acalmar os dois.

— Que coisa estranha! Não pode ser verdade. Insetos com luzes?

— Por que parou a brincadeira? Estão com medo do quê? — perguntou Nivaldo se aproximando do grupo na varanda.

Verinha continuava agarrada às pernas de Francisca e disse apontando para cima:

— Daquilo!

— Vagalumes! Estão com medo dos vagalumes? — Nivaldo caiu na risada.

Olavinho ficou constrangido por sua covardia. Nivaldo propôs:

— Vamos capturar um vagalume e colocar em um vidro.

— Podemos fazer isso com os bichinhos?

— Era assim que eu e meu pai brincávamos. Fazíamos lanternas com as luzes dos vagalumes. Vem, é divertido.

Verinha e Francisca entraram na cozinha procurando um pote vazio para prender os vagalumes. Francisca pegou na geladeira um vidro de azeitonas, que estava quase vazio, e transferiu o conteúdo para outro recipiente. Logo em seguida, as duas voltaram para varanda. Maria terminava de arrumar a cozinha.

Nivaldo havia capturado um vagalume e o prendia entre as mãos. O menino colocou o inseto no vidro e fechou a tampa. Entregou para Verinha, que não se continha pela novidade que a deixou fascinada.

— Posso ficar com ele?

— Só um pouquinho. Depois que a brincadeira terminar, temos que soltar o pobrezinho.

— Por quê? Eu quero ficar com ele, preciso mostrar para o papai e a mamãe, eles não conhecem os vagalumes.

— Podemos esperar que eles voltem da cidade, mas depois temos que soltá-lo, ou ele morrerá dentro do vidro — explicou Nivaldo, recordando que era daquela forma que ele brincava com seu pai nas noites quentes de verão na fazenda. O menino sentiu certa nostalgia ao se lembrar do pai.

Olavinho tocou no ombro do amigo dizendo com os olhos perdidos em um algum ponto, que era somente dele:

— Seu pai disse que também sente saudade de estar com as pessoas que ele ama. Pede para dizer que está bem e que um dia se encontrarão novamente.

— Você pode vê-lo?

— Sim, está ao lado de Camilo, embaixo da copa da árvore. Ele sorri para nós e acena com uma das mãos. Tem os cabelos escuros e a pele clara como a sua, você se parece muito com seu pai.

Francisca ouviu a conversa dos meninos e olhou rápido na direção que Olavinho indicava, porém, não notou nada de diferente ali. Desejou acreditar no que Olavinho falava, mas era cética com relação a narrativas como aquelas, pensava de uma forma racional e não emocional. Se a ciência não poderia explicar a manifestação, essa não poderia ser verdadeira. Imaginou que Olavinho estivesse delirando novamente e chamou todos para deixarem a varanda.

Naquele instante, o farol de um carro que se aproximava iluminou a árvore e, por menos de um segundo, Francisca teve a impressão de ver o pai como Olavinho o descreveu. Aquela visão a deixou confusa e feliz ao mesmo tempo, mas rapidamente voltou à sua lógica de pensamento e descartou a possibilidade de ter visto o pai. Para ela, foi apenas uma sugestão que sua mente aceitou e criou a visão.

Eunice parou o carro na frente da casa, e os meninos foram ajudar Henrique a descer do veículo. Perceberam que ele continuava aéreo e sonolento, era como se ele estivesse hipnotizado. Às vezes, fazia movimentos com as mãos, como se estivesse tentando se soltar de amarras, que não existiam na dimensão que habitava.

Henrique foi levado para o quarto com a ajuda de Eunice, Verônica, Verinha, Francisca e os meninos. As duas empregadas se retiraram do quarto depois de deixar o patrão confortavelmente na cama. Eunice chamou as crianças:

— Venham, meninos. Maria disse que o jantar está pronto. Estou faminta, depois tomarei um banho quente para dormir. — Verinha e Olavinho queriam ficar um pouco mais olhando o pai, e Eunice deixou.

Depois de alguns minutos, Francisca convidou Verinha para descer, e os meninos ficaram no quarto olhando para Henrique. Nivaldo comentou com o amigo:

— Que pena que seu pai está doente, ele poderia ajudar a caçar os vagalumes para Verinha. O que será que ele tem?

Verinha, que mal havia saído do cômodo, ouviu o comentário e disse:

— Eu quero que o papai capture os vagalumes, vou descer e mostrar para a mamãe meu vagalume, dentro do vidro.

Quando se viu sozinho com Nivaldo, no quarto, Olavinho respondeu à pergunta que o amigo havia feito:

— Camilo disse que ele está preso em uma espécie de teia de energia grudenta, aquele espírito não estava brincando quanto à promessa que deve ser cumprida.

— O que será que ele prometeu para esse espírito? Não é justo ter de passar por isso.

— Não sei o que o papai prometeu, mas temos que ajudá-lo a descobrir que promessa foi essa para que ele cumpra sua palavra com o espírito cobrador.

— Como podemos ajudar? Eu não sei o que fazer! — lamentou Nivaldo.

— Camilo disse para reunirmos todos no quarto, estender as mãos sobre o papai e imaginar bolas de luz sendo arremessadas em seu corpo. Disse que papai dormirá tranquilo esta noite e amanhã despertará melhor. Repetindo esse tratamento de energia, as amarras ficarão mais fracas, e ele poderá se soltar e voltar ao normal.

— Sua mãe não permitirá esse tratamento. Como reuniremos todos no quarto para realizar esse pedido estranho se nem todos acreditam?

— Camilo afirma que está providenciando ajuda. Penso que receberemos visitas na fazenda.

— Quem poderia ser? Não conheço ninguém que acredita nessas coisas de espíritos. O povo aqui é muito religioso, todos os colonos estão sempre na capela orando ou frequentam o culto do pastor, no sítio do vizinho.

—Tenho certeza de que a ajuda chegará para o papai, não sei de onde. Sei que alguém virá para ajudar a todos nós.

— Vamos descer, seu pai precisa descansar.

Os meninos desciam a escada correndo quando ouviram Verinha na sala de jantar mostrando o vagalume para Eunice.

— Veja, mamãe, ele é tão bonitinho! Posso ficar com ele?

— Não pode, filha. Se ficar muito tempo preso no vidro, o pobrezinho acabará morrendo. Brinque um pouco mais e depois o solte, ele precisa ficar com os outros lá fora.

— Mamãe, a Francisca estava me ensinando a pular amarelinha. A senhora brinca comigo?

— Querida, não tenho disposição para brincar hoje, estou muito cansada, outro dia brincaremos. Quando era criança, também gostava de pular amarelinha com minhas irmãs. Por que temos de crescer e deixar de brincar? Se eu soubesse como era delicioso ser criança, teria aproveitado mais as brincadeiras.

— Não fique triste, mãe. Quando voltarmos a nascer aqui, esse tempo volta.

— O que está falando, Olavinho? Onde aprendeu essa tolice? Ainda não parou com essa bobagem de conversar com espíritos, menino? Não disse que quem morreu não volta para dar notícias do além-túmulo.

Maria colocava a mesa para o jantar e ficou impressionada com a conversa entre mãe e filho. Olhando para Olavinho, assustada, a mulher se benzeu várias vezes e falou para Eunice:

— Creio em Deus padre! Esse menino conversa com o Diabo! Fale com o padre Luís para curá-lo e afastar o Diabo que fala com ele.

Eunice ficou furiosa com Maria, mas nada disse. Esperou que a mulher saísse da sala de jantar e pediu para Verônica:

— Mande essa mulher sair da minha casa. Não quero ela aqui, por favor.

— Mãe, não acredite no que ela disse. Camilo não é o Diabo! É um amigo do bem.

— Olavo Alencar, não quero me tornar repetitiva! Vá para o seu quarto, está de castigo por continuar com essa bobagem de espíritos. Sabe-se lá o que essa mulher sairá comentando sobre nossa família pela fazenda. Suba agora para o castigo. Nivaldo não pode ficar com você hoje.

Olavinho subiu a escada com a cabeça baixa, as lágrimas rolavam incessantemente pelo rosto do menino.

Camilo o consolava tentando distraí-lo. Os dois ficaram até tarde da noite conversando. Camilo ensinou ao seu protegido ficar calado e conversarem somente em pensamento. Dessa forma, Olavinho não seria pego em delito, desobedecendo à mãe.

O menino fez suas preces e, a distância, com a orientação de Camilo, mandou energia positiva para o pai. Usou sua capacidade mental para ver o pai recebendo bolas de luzes que caiam sobre corpo do homem.

Capítulo 12

Na segunda feira, antes das sete da manhã, Eunice tentava despertar o marido para ir ao trabalho. Ela sabia que ele tinha uma reunião importante com um cliente novo, que traria um projeto lucrativo para o escritório.

— Amor, por favor, abra os olhos, precisa ficar bem. Acorde, Rique, tem que ir trabalhar. O médico disse que você não tem nada, a crise passou. Acorde, amor.

Henrique tentava abrir os olhos e se comunicar com a esposa, mas as pálpebras do homem estavam estranhamente pesadas, e ele ficava com os olhos semicerrados. O mesmo ocorria com seus lábios, e as palavras que tentava explanar saiam como grunhidos estranhos. Os braços pareciam que estavam presos do cotovelo até os ombros. Eunice puxou Henrique para que ficasse sentado na cama, encostou o marido nos travesseiros, e ele ficou na posição que ela o colocou. Essa situação deixou Eunice muito angustiada por ver um homem forte e saudável se tornar um boneco, que ela manuseava como desejasse.

Verônica bateu na porta do quarto para ver se os patrões precisavam de sua ajuda, e a patroa a atendeu com os olhos inchados e vermelhos de chorar.

— Entre, Verônica. Não sei mais o que fazer, o médico disse que ele descansaria à noite e pela manhã estaria bem para mais um dia de trabalho. Ele não abre os olhos por completo, está como estava ontem.

— Não chore, dona Eunice, o levaremos novamente para o hospital. Isso realmente não é normal. Meu marido tinha epilepsia, mas horas depois da crise estava bem, saía para trabalhar normalmente. Aí tem coisa!

— Do que está falando?

— A senhora não gosta desse assunto, me perdoe pelo que vou dizer, mas isso parece trabalho feito por gente que entende de magia.

— Não pode estar falando sério! Acredita mesmo que isso exista?

— Olha, dona Eunice, eu já vi muita coisa neste mundo. Não posso afirmar que tudo seja invenção do povo, que conta esses casos estranhos. Seu Henrique estava bem, de repente, teve uma crise e ficou alheio a tudo. Olhe para ele, parece que não está mais neste mundo. Aí tem coisa!

— Me recuso a acreditar nessa possibilidade e peço que não comente nada perto das crianças. Olavinho anda muito impressionado com as histórias de fantasmas que contaram para ele.

— Pode ter certeza de que meu Nivaldo não contou esse tipo de história para seu filho. E Francisca não acredita em nada que a ciência não possa ter uma explicação. É descrente de tudo, minha menina, ficou assim depois que orou tanto para o pai ficar bom, e não deu certo.

— Nivaldo não andou contando histórias de fantasmas para Olavinho?

— Meu filho não gosta de tocar nesse assunto, tem medo.

— Preciso ter uma conversa séria com Olavinho, mas depois. Agora não sei o que fazer.

O telefone tocou, e Eunice atendeu, era a secretária do marido. Sem saída, Eunice se disponibilizou para correr até São Paulo e receber o cliente importante de Henrique. Quando desligou o telefone, disse:

— Você e Francisca podem ficar aqui cuidando das crianças e de Henrique. Preciso comparecer a essa reunião. Tentarei

77

assinar o contrato que ele vem desejando fechar a meses. Não podemos perder esse cliente.

— Não se preocupe, dona Eunice, eu cuido do patrão, e Francisca, das crianças. Chamarei Maria para ficar na cozinha. Posso fazer uma pergunta?

— Claro que sim, o que deseja saber?

— A mãe do seu marido está viva?

— Sim, dona Neiva mora em Santos, no litoral, junto com o marido, o filho e a nora.

— Creio que ela precisa ser avisada sobre o estado do patrão. Se fosse meu filho, eu viria correndo tentar ajudá-lo.

— Tem razão, contudo, não quero aquela mulher em minha casa, nunca tivemos um bom relacionamento. Tudo nela me incomoda, está sempre com um ar de desaprovação no olhar. Estou sendo verdadeira. Não gosto dela. O pai de Henrique é mais agradável, adora brincar com as crianças.

— Avise a mãe que o filho não está bem, deixe as diferenças de lado. Ligue para ela. Se desejar, eu mesma conversarei com sua sogra. Soube que seu marido está reformando a casa que era a sede da fazenda para hospedá-los. Se não ficar pronta a tempo, eles podem ficar hospedados em minha casa. Não me importo de recebê-los.

—Tenho de ir ou chegarei atrasada para a reunião em São Paulo. Pensarei no que disse e mais tarde tomarei minha decisão. Sairei escondida das crianças, não quero ouvir a choradeira da Verinha. Pode tirar Olavinho do castigo, ele deve ter dormindo com fome, fui muito dura com ele. Verônica, prepare você mesma o almoço para as crianças, não quero ver Maria em minha casa novamente.

Eunice arrumou-se em cinco minutos, ligou o carro e partiu.

Verinha, que acordara com o som do motor do carro, correu para o quarto da mãe chamando por ela, entrou no banheiro do quarto do casal e correu para o *closet*. A menina começou a chorar quando constatou que Eunice não estava lá. O pai continuava dormindo. Ela tentou acordá-lo. Puxou o pai pelo braço, contudo, não teve resposta, pulou sobre a cama e tentou abrir os olhos do homem com os dedinhos, chamando por ele.

Francisca, ao ouvir a porta bater com a corrente de ar, se apressou a subir as escadas e procurou Verinha no quarto, mas não a encontrou. Abriu a porta do quarto de Olavinho e fechou sem fazer barulho, o menino ainda dormia. Correu para o quarto de Eunice quando ouviu a menina choramingar.

Ao entrar no cômodo, Francisca viu que Verinha havia puxado o pai e ele acabou com a parte superior do corpo sobre o criado-mudo. Verinha tentava colocá-lo de volta nos travesseiros.

— Papai caiu. Eu não fiz nada.

A babá tentou mover o corpo de Henrique, mas era muito pesado para que ela realizasse a tarefa sozinha. A moça, recuperando a calma, pediu à menina:

— Desça e chame minha mãe na cozinha. Seu pai é muito pesado.

A menina obedeceu, mas não encontrou Verônica na cozinha. Maria, contrariando a ordem de Eunice, estava lá e ofereceu ajuda. A cozinheira subiu a escada reparando na casa, estava encantada com tanta beleza. Verinha entrou no quarto trazendo Maria pela mão.

Ao vê-las, Francisca pediu ajuda para Maria, e as mulheres conseguiram, juntas, levantar Henrique. Depois da tarefa cumprida, Maria disse:

— O que está acontecendo com esse homem? Foi o menino que jogou magia sobre ele? Creio em Deus Pai! O garoto não tem mais salvação! Se aliou ao Diabo!

— Não fale bobagens, Maria! Se a patroa a ouvir falando dessa forma do filho dela, você será expulsa desta fazenda.

— O coisa ruim está nesta casa, eu quero ir embora daqui. Olha como fiquei toda arrepiada neste quarto! Este homem está enfeitiçado.

Maria deixou o quarto e correu, escorregou na escada e terminou rolando os últimos degraus. Levantou-se rápido e saiu pela porta da frente com os braços e as pernas sangrando. Verônica, que estava na lavanderia colocando a roupa para lavar, escutou o barulho e entrou rápido, imaginou que uma das crianças pudesse ter caído da escada. Espantada, viu Maria

79

saindo apressada, seguiu a mulher e a alcançou a três metros de distância do sobrado.

— O que é isso, mulher? O que aconteceu para sair como louca da casa?

— O Diabo está com ele, eu senti, foi o menino que conversa com o coisa ruim. Me deixe sair daqui.

— Pare com isso! Volte para a cozinha e termine o almoço.

— Nunca mais quero voltar para essa casa!

Verônica ficou irritada com o comportamento da amiga e disse:

— Melhor não voltar se continuar falando besteiras! Vamos para minha casa, quero ter uma conversa séria com você. Precisa limpar esses arranhões. Caiu da escada?

— Caí quando tentava sair o mais rápido que pudesse da casa.

Verônica conversou com Maria, mostrando como ela era preconceituosa e acreditava mais na maldade do que na bondade. Explicou que Olavinho era um menino sensível e que poderia se tornar um homem poderoso como o padre Luís.

Maria acreditou nas palavras que Camilo orientava Verônica a dizer, contudo, não aceitou voltar a trabalhar no sobrado. Prometeu que ficaria de boca fechada quanto aos poderes do menino. Sabia que precisava do emprego e, se espalhasse comentários sobre o filho do patrão, sua família seria expulsa da fazenda Vereda.

***

Eunice chegou ao escritório, e o cliente estava esperando por Henrique há alguns minutos. Ela cumprimentou a recepcionista e a secretária e foi conduzida à sala de reunião onde dois homens engravatados, vestidos com ternos italianos, levantaram-se para cumprimentá-la depois que a secretária a apresentou como esposa de Henrique.

Eunice pediu que Lavínia chamasse um dos engenheiros que trabalhavam no escritório. O rapaz entrou na sala um tanto encabulado diante de Eunice e dos clientes.

A reunião decorreu tranquila. O jovem engenheiro mostrou conhecimento no assunto ao ver os rabiscos que os clientes trouxeram para transmitir uma ideia do que desejavam construir. Seria construído um *shopping* de grande proporção. Henrique tinha ótimas sugestões para o projeto, mas foi Raul quem expôs suas ideias, que foram aprovadas pelos clientes com entusiasmo.

Depois que os dois clientes deixaram o escritório, Eunice chamou todos os funcionários para pedir colaboração profissional enquanto Henrique estivesse doente, explicou o estado do patrão e pediu que um dos funcionários ficasse responsável pelo escritório.

Lavínia mostrou a Eunice que somente ela, na falta do patrão, poderia movimentar as contas bancárias, liberando crédito, para que todas as despesas fossem pagas, inclusive as despesas pessoais da família.

— Eu faço todos os pagamentos, dona Eunice, mas preciso que a senhora assine os cheques. Seria bom se pudesse vir ao escritório três vezes na semana, temos muitos clientes que ficariam mais tranquilos se a senhora os recebesse.

— Está certa, alguém precisa substituir meu marido, farei o que puder, mas realmente preciso de ajuda em casa neste momento.

— Tem uma pessoa que pode ajudá-la, a mãe do doutor Henrique, ela liga sempre para saber se ele está bem, ela pode ajudá-la.

— Sabe que não é a primeira pessoa que me diz isso? Ligarei para Neiva e contarei a ela sobre a doença do filho.

Eunice ficou o resto do dia no escritório, desejava estar livre no dia seguinte, queria levar o marido a outro médico. O bebê também precisava passar por uma consulta com o pediatra, que já estava marcada.

Ela ligou para Neiva no final da tarde, antes que o expediente terminasse. As duas foram cordiais uma com a outra ao telefone. Eunice contou em poucas palavras o que estava acontecendo com Henrique. Neiva ficou desesperada do outro lado da linha. Rapidamente, anotou o endereço da fazenda, em Atibaia, e pediu que o filho mais novo os levasse para lá imediatamente.

Capítulo 13

Eunice terminou o expediente informando a Lavínia que não estaria presente no dia seguinte. A jovem senhora deixou o novo número de telefone caso a secretária precisasse de algo e assinou vários cheques antes de deixar o escritório. Atravessou a cidade e pegou a estrada, seguindo em direção ao interior. O trânsito de São Paulo irritou a mulher. Por sorte, o tráfego na rodovia estava tranquilo.

Passava das vinte e uma horas quando Eunice entrou na fazenda. Ela estava muito cansada. Estacionou o carro na garagem e, ao colocar o pé na varanda, a porta da frente foi aberta. Era Verinha que vinha ao seu encontro com os bracinhos abertos e seu biquinho para começar com o choro manhoso. Eunice pegou a filha nos braços e beijou várias vezes seu rostinho.

— Sentiu falta da mamãe, minha pequena?

— Muita falta! Você foi embora e não me deu um beijo de despedida. Fiquei muito triste, queria tanto a minha mãezinha!

— Tive que ir até o trabalho do papai. Me perdoe se não me despedi da minha pequena. Como se comportou hoje? Foi boa menina?

— Briguei com os meninos. Olavinho não quer que eu brinque com eles. Não me emprestou o carrinho, disse que era brincadeira de meninos, e que meninas brincam de bonecas. Eu disse que a mamãe dirige carro, e eu também podia brincar de carrinho com eles. Francisca me ajudou a convencê-los.

— Você gosta muito de Francisca?

— Ela é minha amiga e me dá frutinhas deliciosas.

Eunice sorriu do jeito meigo que Verinha usava para falar das pessoas que ela gostava. Entrou na sala, colocou a menina no chão e esticou os braços para Olavinho, que espiava a mãe parado na porta da sala de brinquedos. O garoto havia saído do castigo e temia que ela o colocasse novamente. Quando Eunice abriu os braços para ele, o menino jogou o carrinho no chão e correu para abraçar a mãe.

Ela, depois do abraço, falou:

— Foi um bom menino hoje?

— Ainda estou de castigo?

— Não, terminou. Ficou com fome à noite?

— Fiquei, mas eu sou forte, não chorei. Desculpe, mamãe, por falar sobre o assunto proibido. Não falo mais nada, prometo.

— Sabe que não gosto quando fala que vê espíritos. As pessoas podem pensar que você não é um menino equilibrado. Olhe para a mamãe e repita: não vejo espíritos, eles não existem, é tudo imaginação da minha cabeça. Repita.

Olavinho abaixou os olhos para não ver Camilo, que estava parado atrás de Eunice. Ele repetiu a frase cruzando os dedinhos escondido da mãe.

Nivaldo havia ensinado o menino a fazer aquele gesto todas as vezes que precisasse mentir. Nivaldo ouviu a conversa dos dois e pôde ver Olavinho cruzar os dedos. Deu uma piscada para o amigo e foi para a cozinha.

Eunice cumprimentou Francisca, Nivaldo e Verônica na cozinha, beijou Fabrício, que estava no carrinho ao lado de Francisca, depois pegou um copo de água e se informou como foi o dia de Henrique. Ao saber que o marido não havia reagido, ela subiu para tomar um banho e ver como ele estava.

Eunice estava penalizada. Era muito triste vê-lo naquele estado, beijou seus lábios com carinho e pediu:

— Amor, acorde! Preciso de você aqui, comigo.

Ficou ali parada por dez minutos, contando para ele sobre a reunião no escritório. O marido não esboçava qualquer reação às palavras e ao carinho da esposa. Eunice entrou no banho, estava faminta, e ainda não tinha amamentado o bebê. Os peitos da mulher estavam cheios de leite, o que a incomodou o dia todo. Ela havia deixado algumas mamadeiras cheias na geladeira, para Francisca alimentar Fabrício, mas foi avisada de que o bebê rejeitou o leite materno, tomou uma sopinha de legumes e comeu frutas.

    Eunice tomou um banho e desceu para jantar. Depois de comer uma salada com um filé ao ponto, tentou amamentar Fabrício, mas não teve sucesso, ele não sugava o leite do peito e rejeitava as gotas que pingavam em sua boquinha. Eunice ficou triste e não mais insistiu em amamentá-lo.

    Ela conversou com Verônica e Francisca para planejar o dia seguinte. Despediu-se logo depois, alegando estar exausta. Francisca colocou as crianças na cama e ficou contando historinhas infantis, até todos pegarem no sono. Eunice havia pedido para Verônica, Francisca e Nivaldo dormirem novamente no sobrado. Ela se sentia mais tranquila sabendo que não estava sozinha com as crianças e o marido doente.

    O relógio marcava vinte e três horas e trinta e cinco minutos, a maioria já havia se recolhido para descansar quando o interfone tocou. Apenas Verônica terminava de organizar as louças na cozinha. Ela atendeu o interfone assustada, pelo adiantar das horas. Era a família do patrão que desejava entrar, e Eunice prontamente abriu o portão automático.

    Logo depois, Verônica bateu na porta do quarto de Eunice e avisou:

— A senhora tem visitas.

Eunice abriu a porta expressando contrariedade. A jovem senhora logo adivinhou que a sogra era a visita que Verônica anunciava. Ela estava fazendo o marido engolir uma vitamina, já havia o conduzido ao banheiro e higienizado seu corpo. Não era uma tarefa fácil. Henrique era um homem alto e estava um pouco acima do peso ideal, para uma pessoa de 1,90 de altura. Eunice era uma mulher de meia-estatura e estava um pouco acima do peso ideal para sua altura, lutava para perder os quatro quilos que ficaram após a última gestação.

— Quem estava tocando o interfone?

— Um rapaz de nome Humberto, que disse ser o irmão do patrão. Liberei a entrada e acomodei o casal de idosos lá embaixo, na sala. Informaram que são os pais do patrão.

— Meu Deus! Ela veio mesmo! Desça e diga que vou em seguida. Chame Francisca para me ajudar a dar um jeito neste quarto rapidamente. Era tudo que eu precisava! Ter essa mulher em minha casa é desagradável.

— Cuidado! Não sabemos se o seu marido está ouvindo, ele não ficará feliz de saber que não tolera as visitas. Servirei um lanche reforçado para eles enquanto esperam.

— Faça isso e mande Maria vir nos ajudar com as bagagens. A casinha que Henrique mandou reformar ficou pronta?

— Não. Orlando não me disse nada quando foi embora. Cumpriu seu horário e se foi. E Maria não virá, depois contarei o que aconteceu. Melhor ela ficar longe desta casa e de Olavinho.

— É verdade, havia me esquecido dos comentários desagradáveis que ela fez a respeito do meu filho. Tem razão, é melhor essa mulher ficar longe de nós.

Verônica desceu e foi muito cordial com as visitas. Neiva estava agitada, desejava ver como estava seu filho. Olhava a todo instante para o topo da escada, para ver se a nora descia e liberava a visita a Henrique.

— Por que ela demora tanto? Quero ver meu filho.

— Fique calma, mãe, não comece com a implicância com sua nora.

— Eu não implico com Eunice. É ela quem me provoca! Onde já se viu me deixar esperando dez minutos aqui embaixo, sabendo que meu filho está doente e precisa da mãe.

Os modos rudes da esposa contrariavam João. Ele era um homem calmo e cordato, raramente perdia a paciência. Somente a implicância de Neiva com Eunice era capaz de deixar o pai de Henrique nervoso, mostrando que estava contrariado com as atitudes da esposa. Ele a reprimiu:

— Fique calada, Neiva, melhor tomar um pouco de ar na varanda, está muito nervosa para ficar próxima de alguém doente. Essa energia pode fazer mal ao nosso filho.

85

— Não me venha com essa conversa novamente, tudo para você é energia! Estou ótima, só desejo ver meu filho. Será que é pedir muito?

— Não fale desse modo com meu pai, ele estudou muito sobre espiritualidade, mãe. Melhor se controlar para deixar com Henrique uma energia positiva. Ele não precisa do seu descontrole.

Neiva se calou e tentou ficar mais equilibrada para ver o filho.

Eunice e Francisca terminaram a organização do cômodo, deixaram Henrique em uma posição confortável, apoiado sobre os travesseiros na cama. Francisca voltou para o quarto de Fabrício e levou Verinha para o quarto dela, a menina havia dormido no quarto de Olavinho, junto com os meninos, onde Francisca contou uma história infantil repleta de aventuras.

Eunice desceu tentando aliviar a expressão de contrariedade do rosto. Cumprimentou a todos educadamente e os convidou para subirem até o quarto, explicou o que aconteceu com Henrique.

Neiva entrou no quarto e praticamente se jogou sobre o corpo do filho, derrubando suas lágrimas sobre ele. João tentava conter as lágrimas da esposa, chamando por Henrique calmamente. Eunice falou:

— Ele não reage! O médico disse que ele não tem nada fisicamente, todos os exames estão normais, não sei mais o que fazer para que ele volte.

Humberto ficou comovido ao ver o estado do irmão. Olhou para o pai e disse:

— Ele não está conosco? Chame por ele, pai! Dê um jeito! O senhor sabe o que fazer.

— O que seu pai pode fazer para meu marido reagir? Não compreendo o que está dizendo, Humberto.

— Meu filho quer que eu ore por Henrique, somos pessoas de muita fé.

— O padre esteve aqui e fez uma linda prece, contudo, nada mudou. Também tenho fé, mas ele precisa que a ciência o ajude descobrindo a doença que o enferma. Por que não acorda depois daquele ataque terrível que teve?

— Ele teve um ataque? — perguntou João.

— Sim, contarei todos os detalhes para vocês lá embaixo, não quero perturbá-lo com falatório aqui no quarto. Vamos descer?

— Claro, filha, preciso dos detalhes do que aconteceu com meu filho, é um homem forte e saudável, não pode ficar nesse estado de coma sem um motivo.

— Alguma coisa grave aconteceu com meu filho, quero descobriu o que foi. Isso não ficará assim — disse Neiva, furiosa, secando as lágrimas do rosto.

— Está insinuando que fizemos alguma coisa para Henrique ficar nesse estado? — perguntou Eunice demonstrando muita irritação.

Camilo ouviu o comentário desagradável de Neiva se apressou em despertar Olavinho, para que acalmasse os ânimos com sua presença. Camilo se conectou ao aparelho auditivo de Olavinho e disse:

— Acorde, a ajuda que esperávamos chegou.

Olavinho despertou sonolento, virou seu corpo na cama e ia voltar a dormir quando ouviu a voz alterada da avó e depois de sua mãe. Ele pulou da cama e pôde ver a imagem de Camilo, parado na frente da porta, fazendo sinal para que ele o seguisse até o quarto dos pais.

Olavinho entrou no quarto e correu para abraçar o avô com euforia, depois cumprimentou a avó e o tio Humberto, que comentou:

— Como você cresceu, cara! Está se tornando um homem alto, como seu pai.

— Ficarei grande como o papai, tio?

— Ficará sim. Um menino muito bonito, como o tio aqui.

Com a brincadeira, o clima entre as duas foi amenizado, todos desceram para conversar. Olavinho parou João no topo da escada e falou no ouvido do avô:

— Camilo está aqui e tem outro jovem de roupa branca, banhado de luz, ele sorri e está dizendo que é seu mentor, vovô.

— Está tudo bem, depois falaremos sobre isso, não esqueça que é nosso segredo.

Capítulo 14

    Chegando à sala, Eunice tentou se controlar para não expulsar Neiva de sua casa. Buscando ser cordial, a nora perguntou:

— Vocês querem jantar? Acredito que não pararam para se alimentar em algum restaurante da estrada ou na cidade.

— Realmente, estou faminto, cunhada. Se puder servir um lanche, agradeceria, tenciono voltar para Santos ainda esta noite.

— Não é seguro viajar à noite, meu filho, você fica conosco, se Eunice nos hospedar, é claro.

— Naturalmente que sim. Mas para o conforto de todos, Verônica cedeu a casa dela para vocês se acomodarem, até a casa de hóspedes ficar pronta. Os quartos no sobrado estão todos ocupados.

— Ficaremos na casa de sua empregada! — Neiva estava a ponto de explodir de raiva depois do comentário da nora, porém, ela engoliu em seco, para não soltar toda a raiva e mágoa do passado contra Eunice. Após respirar fundo, ela dissimulou:

— Não tem problema algum desde que possa ficar próxima de meu Henrique.

— Ele estava tão animado com a vinda de vocês no próximo fim de semana, para comemorarmos o aniversário de seis anos de Olavinho. Mandou reformar a casa que foi sede da fazenda, onde viviam os antigos donos, para hospedá-los — Eunice disse, tentando dissimular sua contrariedade de estar diante da mulher que ela tanto desprezava.

Verônica entrou na sala e comentou:

— É a melhor casa da fazenda, depois do sobrado. Meus antigos patrões viviam confortavelmente ali. Dona Eunice, tomei a liberdade de colocar o jantar à mesa.

— Fez muito bem, Verônica. Por favor, vamos para a sala de jantar. — Eunice estava com um sorriso falso nos lábios.

— Te agradeço, cunhadinha, estou faminto. Minha mãe não nos deixou fazer nenhuma parada para lancharmos. Estava tão nervosa e ansiosa para chegar e ver seu amado Henrique.

— Não fique zombando do meu nervosismo, meu filho, logo será pai e entenderá minha aflição.

— Heloísa está grávida?

— Está, faltam três meses para a chegada do meu primeiro filho. É uma menina!

— Parabéns, papai! Se acomodem e fiquem à vontade.

— Obrigada, Eunice, você é sempre gentil. Onde dormirá sua empregada? — perguntou João.

— Ela e os filhos estão ficando com as crianças, para me ajudarem. Francisca se mostrou uma excelente babá, cuida do bebê e de Verinha. Nivaldo, o outro filho de Verônica, faz companhia para Olavinho. Os meninos se deram muito bem, têm a mesma idade, não é, Verônica?

— Sim, meu menino completará sete anos no meio do ano. Fizeram uma amizade boa, passam o dia brincando e sorrindo.

— O sorriso faz mágica nas crianças, e um bem danado para os velhos que participam das brincadeiras e sorriem juntos.

— O vovô estava com saudade de brincar com o netinho, Olavinho — falou Humberto se acomodando à mesa.

— Amanhã nós vamos brincar, não é, vovô João?

— Vamos sim.

— Olavinho, deixe seu avô jantar. Desça do colo dele, querido, dê boa-noite e suba para seu quarto. Amanhã terá o dia todo para ficar com seus avós.

O menino beijou a todos e se afastou dando uma piscadinha para o avô. Estava muito feliz de tê-lo por perto. Sabia que poderia confiar nos conselhos dele. Era o único que acreditava no que somente ele poderia ver.

***

João era um estudioso do espiritismo desde a juventude. A vida lhe dera sinais para conhecer uma nova filosofia e mudar os parâmetros limitados de sua crença, que negava a comunicação entre encarnados e desencarnados.

João, aos sete anos, começou a ouvir vozes dentro de sua cabeça, podia ver vultos passando de um lado a outro dentro de sua casa, ou onde estivesse brincando.

Em um episódio da infância, na praia, ele brincava com um primo de jogar bola e insistia em jogar a bola na direção do mar, como se estivesse jogando para outra pessoa que estava ali, fazendo parte da brincadeira.

O primo, que era alguns anos mais velho que João, reclamou com o menino, foi até onde estava a família e disse para o pai, que estava ali cuidando das crianças:

— Pai, não dá para brincar com Joãozinho, ele não joga a bola para eu fazer gol.

O tio se levantou da cadeira onde estava tomando sol e foi até João, que estava próximo as ondas do mar que lambiam a areia, e perguntou já irritado:

— Por que você não joga a bola para meu filho? Seu pai me pediu para cuidar de você, trouxe os dois aqui para brincarem juntos. Jogue a bola para seu primo.

— Tio, ele não deixa meu amigo entrar na brincadeira.

— Que amigo é esse, Joãozinho?

— Ele está aqui, tio. Não pode vê-lo?

— Vamos embora, você não está bem da cabeça, não tem ninguém na direção que apontou.

— Ele está bem aqui, tio!

Depois desse episódio, comentários desagradáveis chegaram aos ouvidos dos pais de João, e ele não deixou mais o menino brincar com o primo.

João era uma criança com mediunidade forte. A mãe encarava as narrativas das visões estranhas do filho como se fossem apenas imaginação de uma mente fértil. Ela tinha certeza de que isso passaria quando o menino crescesse um pouco mais, vivia levando o filho à igreja.

João, depois dos sete anos, teve sua mediunidade mais contida, não conseguia mais ver os espíritos à sua volta. O menino cresceu, e a vida sempre o levou a enfrentar os desafios de sua sensibilidade mediúnica, convidando-o a estudar e esclarecer o que estava acontecendo com ele. Aos dezenove anos, sua mediunidade alcançou um alto grau.

João perdia os sentidos onde estivesse, soltava frases desconexas e se tornava grosseiro e rude com as pessoas que tentavam socorrê-lo nesses momentos. Um espírito rudimentar abusava da sensibilidade mediúnica e desequilibrada de João.

Depois de muitos episódios desagradáveis, ele decidiu pedir ajuda em um centro espírita, no bairro onde morava. Lá frequentou o curso que a casa oferecia e assim, depois de equilibrar a mediunidade, seu mentor se aproximou, e João começou a ensinar e a fazer atendimentos no centro espírita.

Quando conheceu Neiva, João já estava frequentando o centro espírita e convidou a moça muitas vezes para conhecer o lugar onde ele se encontrou e teve paz, mas Neiva não aceitava a mediunidade de seu amado. Não foi fácil para ele administrar todos esses anos as acusações maldosas de Neiva. Mesmo sob os protestos da mulher, João continuou frequentando o lugar e trabalhando com amor na tarefa que sua mediunidade permitia.

Ele nunca incentivou os filhos a conhecer a espiritualidade. Neiva não permitiria. Assim, ficou com ela a tarefa de educar os meninos. Henrique e Humberto, quando crianças, seguiam juntos com a mãe para o culto evangélico. Quando cresceram, tomaram suas próprias decisões em vários sentidos, inclusive o religioso. Para o desgosto de Neiva, os filhos não seguiram mais a religião dela.

Henrique deixou o litoral para estudar engenharia na capital, foi morar em uma república. Humberto permaneceu trabalhando ao lado do pai no quiosque da praia, cursou a faculdade de administração, no litoral. E sempre que tinha um tempo livre, acompanhava o pai ao centro espírita.

***

Após o jantar, Verônica acompanhou os parentes do patrão até sua casa, que era simples e muito bem cuidada. A empregada sempre foi muito cuidadosa com os móveis, havia ganhado a maioria dos antigos patrões, quando venderam a fazenda. A casa tinha três quartos, uma sala, cozinha grande e dois banheiros, um deles foi seu marido quem construiu quando Nivaldo tinha quatro anos. O homem dizia que a família aumentara e era preciso que as mulheres tivessem mais privacidade. Construiu um quarto para o filho e o banheiro entre o quarto de Francisca e o de Nivaldo.

Verônica levou a mala do casal para seu quarto. Humberto escolheu o quarto de Nivaldo para passar aquela noite. Pela manhã, ele pretendia voltar para Santos, não podia ficar longe da esposa e do trabalho.

Neiva gostou da casa, mas não disse uma só palavra, pois estava muito furiosa por não ter sido instalada no sobrado. Sabia que a casa era grande e teria um quarto para os velhos ficarem mais próximos do filho.

Eunice, que esperava Verônica para saber quais as impressões que ela teve a respeito de sua sogra, não precisou perguntar nada. A empregada entrou no sobrado dizendo:

— Osso duro de roer essa velha! Nada parece ser bom para ela. Graças a Deus que eu não tive sogra.

— Eu havia dito que essa mulher não era fácil de se lidar, somente a presença dela me deixa irritada! Ficaram bem instalados?

— Deixei todos bem na minha casinha. Me diga uma coisa, aquela mulher vive em um palácio onde mora?

— Não! Henrique mandou construir uma casa boa para os dois, e deu outra de presente de casamento para Humberto. Ele comprou o terreno ao lado da casa dos pais e construiu uma casa no mesmo estilo para o irmão. São casas simples e confortáveis. Não tem nada de riqueza. Por que perguntou?

— Ela torceu o nariz quando entrou na minha casinha. Então pensei que ela estivesse acostumada com um palácio.

— Não é isso, ela queria ficar aqui. Mas realmente para minha sanidade, neste momento difícil que estou vivendo, será melhor não ficarmos sob o mesmo teto. Ela não é uma má pessoa, mas é uma mãe grudenta e só o que faz para o filho está certo.

— Entendo. Ela compete o tempo todo, isso realmente deve ser desgastante. Tente ser mais compreensiva com ela, está realmente muito abalada de ver o estado do patrão.

— Eu sei, também estou. As horas passam, e ele continua inconsciente. Marquei um neurologista em São Paulo e tenho uma consulta para o Fabrício com o pediatra, não estou gostando dessa troca de alimentação. Tenho que sair bem cedo.

— O que fará com seus sogros?

— Ficarão aqui se desejarem ou vêm comigo. É bom que minha sogra ouça o médico e esqueça essa ideia estapafúrdia de que eu fiz algo para prejudicar meu marido. Boa noite, Verônica. Ficará bem dormindo no quarto de hóspedes?

— Sim, o quarto é muito confortável. Boa noite, patroa. Se precisar, basta chamar, estarei dormindo com um dos meus olhos abertos, para socorrê-la.

Eunice agradeceu sorrindo e entrou no quarto fechando a porta. A mulher sentiu um arrepio estranho no corpo. Se não fosse cética, diria que havia uma presença forte no quarto.

Ajeitou Henrique no travesseiro, deitou ao lado dele e, segurando a mão do marido, disse:

— Boa noite, meu amor. Onde quer que você esteja, volte para nós, sinto tanto sua falta, eu te amo, Rique.

Henrique ouviu as palavras de Eunice longe, estava perdido em um caminho escuro. Ele sentia que estava com os braços amarrados junto ao corpo e, por mais que tentasse, não conseguia se livrar das grossas cordas. Toda vez que tentava voltar para seu corpo, sentia muito sono e não tinha força para acordar e sair daquele pesadelo interminável. O cheiro pútrido o incomodava terrivelmente, estava sempre enjoado. A impiedade do espírito que o colocou naquela situação era grande. Henrique não se recordava da promessa que havia feito e se julgava vítima.

93

O espírito que veio recordá-lo da promessa havia esgotado todos os artifícios suaves para despertar o amigo ao seu compromisso assumido. Cansado de ser ignorado, partiu para um método forte e pouco usado por espíritos. Ele estava ciente do preço que pagaria por afastar o espírito do corpo físico de uma forma abrupta.

Naturalmente, o fio de cor prata que ligava o espírito ao corpo de Henrique estava ligado, porém, os recursos usados por esse amigo impediam que o espírito retornasse consciente para o corpo físico, assim se dava o estado semiconsciente que Henrique se encontrava no mundo físico.

No plano mais sútil, o espírito de Henrique lutava até o esgotamento total para soltar as cordas de seus braços. A voz do amigo repetia sempre as mesmas palavras: "A promessa precisa ser cumprida, está na hora de acabar com a rivalidade entre elas". Após ouvir essa frase diversas vezes, Henrique perguntava angustiado:

— Quem são elas? De quem está falando? Quem é você? O que quer comigo?

Após esses momentos de angústia plena, Henrique caia no chão e ficava paralisado sem ter as respostas. Passavam-se algumas horas, e a voz voltava a perturbá-lo com a mesma frase.

Capítulo 15

Neiva não conseguiu dormir bem, suas costas doíam, e ela se virava na cama de um lado para outro. Ela desejava estar dormindo no colchão de espuma especial em sua casa, e não em uma cama desconfortável na casa de empregados, na fazenda de seu filho.

Não gostou nada de ser acomodada ali pela nora. Levantou-se da cama, ainda estava escuro lá fora. A mulher caminhou pela casa de Verônica olhando tudo, foi até a cozinha e preparou o café. Ela procurou o leite dentro da geladeira, mas não encontrou. Tomou uma xícara de café puro e voltou ao quarto tentando não fazer barulho, para não acordar o marido e o filho, que estava no quarto ao lado.

Neiva tirou da mala algumas peças de roupas. Foi até o banheiro e se vestiu com uma calça jeans e uma camisa branca bordada na frente. A senhora se olhou no espelho e se sentiu elegante, sabia que não era uma roupa apropriada para o campo, no calor do verão, mas desejava estar preparada para tudo naquele dia. Temia ser expulsa da fazenda por Eunice. Ela abriu a porta e se assustou com a escuridão do campo, não estava acostumada àquele ambiente. Porém, olhando mais atentamente, viu estrelas no céu e ficou admirada com a beleza do brilho delas. Nunca vira tantas estrelas juntas.

A hóspede retornou para a varanda quando ouviu passos se aproximando da casa. Assustou-se quando ouviu uma saudação, que partiu de um homem alto usando um chapéu de abas largas, que impedia Neiva de ver o rosto dele. Ela respondeu com a voz trêmula:

— Bom dia.

O homem colocou um galão de leite sobre a mesinha da varanda e perguntou:

— A senhora é parente de Verônica?

— Não, sou a mãe de Henrique, o dono da fazenda.

— Trouxe o leite que acabei de tirar da ordenha das vacas, está quentinho, bom para fazer um queijo ou doce de leite. Tenha um bom-dia, senhora.

— O senhor também.

Neiva, apesar de estar curiosa para abrir o galão de metal e tomar o leite ainda quente tirado das tetas da vaca, ficou na varanda olhando na direção que imaginava ter caminhado quando deixou o sobrado para chegar até aquela casinha. Ficou esperando uma luz iluminar o sobrado para ela seguir na direção certa e alcançar a casa para ficar ao lado do filho.

Seu coração sentia uma aflição estranha, sabia que Henrique estava em perigo. Por volta das seis horas da manhã, as luzes da cozinha externa do sobrado foram acesas. Neiva não teve dúvida, se apressou para chegar até lá e bateu na porta dos fundos, onde Henrique projetara uma cozinha rústica no estilo colonial, com churrasqueira e fogão à lenha, dando àquela parte do sobrado a aparência campestre. Neiva ficou olhando para a beleza da decoração e o tamanho da mesa para as refeições da família. Ela sentiu vontade de preparar seus deliciosos quitutes no fogão à lenha.

Lentamente a escuridão da madrugada dava espaço para a luz do amanhecer. Verônica abriu a porta, e o cheiro gostoso de bolo assando no forno penetrou nas narinas de Neiva, que comentou num impulso depois do bom-dia costumeiro:

— Que cheiro bom, me faz recordar a infância. Há tanto tempo não sentia esse cheiro delicioso. Acordou muito cedo para prepará-lo?

— Bom dia, senhora, na fazenda é costume acordar bem cedo. O leite é deixado na porta e, se não o recolher rápido, os gatinhos podem virar o jarro, que está bem tampado, mas sabe como são os gatinhos arteiros.

— Um homem deixou o galão de leite na sua varanda, tomei a liberdade de colocá-lo sobre a mesa de sua cozinha.

— Obrigada, me prestou um grande favor. Depois vou até lá para preparar o queijo e o doce de leite, as crianças adoram.

— Eunice também está acordada?

— Sim, a patroa precisa seguir agora cedo para São Paulo.

— Não sabia que minha nora trabalhava fora!

— Ela não trabalha fora, mas precisa levar o marido para uma consulta no neurologista e Fabrício ao pediatra.

Neste momento, Eunice entrou na cozinha cumprimentando a sogra a contragosto.

— Bom dia. A senhora acordou bem cedo! Deve ser o ar da fazenda que a fez pular da cama. Dormiu bem a noite passada?

— Não. Tenho dores nas costas, e o colchão que fui acomodada é de molas, que acabou com minhas costas.

— Sinto muito, mas não temos colchões de espuma. Estou com pressa. Verônica, o café está pronto?

— Está, patroa.

Neiva, se acomodando à mesa ao lado de Eunice, comentou:

— Sua empregada disse que você levará meu filho ao médico. Quero estar nesta consulta com ele, preciso saber o que o médico falará sobre seu estado.

— Espero que esteja pronta para sair, não quero perder a hora marcada com o médico. Sabe como é o trânsito de São Paulo.

— Estou pronta, só falta pegar minha bolsa e avisar João e Humberto que seguirei com você para São Paulo.

— Humberto foi embora de madrugada, às duas horas da manhã, ele bateu na porta me pedindo para abrir o portão da fazenda, disse para avisá-la que partiu.

— O que será que aconteceu para sair às pressas?

— Disse que estava sem sono e estava preocupado com a esposa grávida, que ficou sozinha — respondeu Verônica.

— Meu filho é apaixonado por Heloísa. Ainda bem que é uma boa moça, simples e trabalhadora.

— Que bom, não é, dona Neiva? A senhora gosta de sua nora! — Eunice não perdia a oportunidade de irritar a sogra.

— Sim, gosto muito dela, nos trata com carinho e respeito — disse Neiva para provocar Eunice.

Tirando o bolo do forno, Verônica interferiu na conversa dizendo:

— Melhor comer um pedaço do bolo antes que ele esfrie. Passe manteiga em uma fatia e prove, Neiva. É receita da minha mãe esse bolo de leite, ela adorava comer quando saía do forno.

— Bolo quente pode dar dor de barriga.

— Não é verdade, sempre como o bolo quentinho, e minha barriga não dói. É como fala o mestre de obras, Orlando, isso é crendice do povo. Experimente uma fatia generosa, servirei as duas.

Elas comeram o bolo e ficaram caladas à mesa. Assim que terminaram o café da manhã, Eunice subiu para buscar o bebê e colocá-lo na cadeirinha do carro. Neiva correu até a casa de Verônica para pegar a bolsa e avisar João, que despertou um pouco confuso.

— Acorde, homem! Eu e Eunice vamos levar Henrique ao médico, em São Paulo. Você fica e cuida das crianças.

— Henrique está bem? Teve outra crise?

— Não, ele está na mesma, a consulta já estava marcada.

— Mas precisa ir para São Paulo! Na cidade aqui perto não têm médicos?

— Deve ter, mas sabe como é sua nora, se não tem *pedigree*, não serve.

— Não comece com sua implicância com Eunice. Prometeu que se controlaria pelo seu filho.

— Estou tentando, mas sabe como ela me provoca.

— Tudo para você é provocação, Eunice é uma boa pessoa, pare com essas bobagens, deixe o passado passar.

— Não me recorde do que ela fez conosco no passado. Isso está engasgado em minha garganta há anos! Preciso correr ou aquela doida me deixará para trás.

— Se comporte, Neiva.

Ela não respondeu, pegou a bolsa e correu para a garagem onde estava o carro de Eunice.

Quando chegou lá, Verônica acomodava Henrique no banco de trás do carro, ao lado do bebê.

Neiva rapidamente tomou seu lugar no banco da frente. Eunice deu a partida no veículo indignada com a rapidez da sogra, queria muito deixá-la para trás, alegando que havia se atrasado para sair, mas teve que engolir a presença dela ao seu lado.

O espírito de Juvenal não deixaria que Eunice saísse sem Neiva entrar no carro. Eunice tentou ser rápida o bastante para deixar a sogra para trás, mas Juvenal lançando uma energia escura sobre ela causou-lhe confusão mental, e ela acabou se esquecendo de pegar a bolsa, que ficou sobre o sofá da sala principal. Juvenal, mesmo a distância, fazia de tudo para que as duas permanecessem juntas e se entendessem.

A viagem foi tranquila, Eunice controlou o pé no acelerador para não desestabilizar o marido no banco traseiro. Mas desejava dar um susto na sogra, pisando fundo no acelerador. As duas não trocaram uma só palavra o caminho todo. Às vezes, Neiva olhava para trás para se certificar de que todos estavam bem.

Depois de atravessarem a cidade no meio do trânsito, o carro de Eunice parou dentro do estacionamento da clínica médica.

Neiva segurou Fabrício nos braços para Eunice pegar o carrinho do bebê, que estava no porta-malas. Depois que Eunice ajeitou o carrinho, Neiva colocou o neto, que ficou confortável.

Eunice tirou o marido do carro, e as duas o apoiavam como puderam, empurrando o carrinho até a recepção da clínica. Henrique foi colocado em uma confortável poltrona, e as duas se acomodaram ao lado dele. Neiva comentou:

— Ele parece que está hipnotizado, obedece ao comando que damos a ele.

— Ele está colaborando bem, ou não teríamos forças para cuidar de um homem forte como ele.

— Esse comportamento é muito estranho! — Neiva deixava as primeiras lágrimas rolarem por sua face.

— Não chore, dona Neiva, precisamos ficar bem para poder ajudá-lo. Quer ouvir o que médico tem a dizer?

— Quero muito saber o que meu filho tem.

— Então fique em equilíbrio, eu não tenho como carregar mais um doente para casa.

Henrique foi chamado para a consulta. Diante do neurologista, Neiva se controlava para não chorar, vendo o médico examinar seu filho minuciosamente. No final, doutor Mario pediu vários exames, que seriam realizados ali mesmo. Eunice sabia que ficaria muito tempo ali e pediu para o médico:

— Preciso de um quarto para ele descansar entre um exame e outro. Não quero deixá-lo sentado na recepção.

— Claro, colocaremos seu marido em um de nossos quartos, não se preocupe.

Foram realizados vários exames, e Neiva fez questão de acompanhar o filho em todos eles. Eunice foi à consulta do pediatra mais tranquila. Estava na hora do almoço e as duas estavam famintas.

— Vamos a um restaurante próximo, precisamos almoçar. Meu pequeno também precisa comer uma sopinha de legumes, que Verônica preparou para ele.

— Está dando alimentos sólidos para ele? Não é muito cedo para isso?

— Não tive outra saída. Ele não quer tomar o leite do meu peito, estava perdendo peso, o pediatra disse que está na hora de mudar a alimentação de Fabrício. Vamos para um restaurante aqui perto.

— Henrique ficará sozinho?

— Ele passará agora por uma ressonância magnética. Teremos tempo de almoçar até que ele retorne para o quarto.

— Quero acompanhá-lo nesse exame.

— Depois ficará com fome e pode passar mal. Ele estará bem acompanhado por uma equipe médica. Vamos.

***

Durante o almoço, Neiva puxou conversa com a nora falando do tempo, do vento. Eunice dava atenção para ela enquanto alimentava o bebê. Quando terminaram de almoçar, Neiva ficou com Fabrício para Eunice ir ao banheiro. A avó adorou o sorriso gostoso do bebê. O resto do dia, ela passou brincando com o neto.

Ao retornarem para a clínica, o médico entrou no quarto para conversar com as duas, depois que os exames ficaram prontos.

— Eunice, felizmente não encontramos nada de anormal no cérebro de seu marido. Está tudo certo com ele. Fisicamente não existe motivo para esse estado catatônico que ele se encontra, pode ser emocional. Encaminharei seu marido para um psiquiatra. Para que não seja necessário que vocês venham até a capital, indicarei um amigo e ótimo profissional em Atibaia. Sinto não ter ajudado mais, estimulamos o paciente para que ele despertasse mas não tivemos um resultado positivo.

— Doutor, meu filho ficará nesse estado para sempre? — perguntou Neiva.

— Não, creio que ele despertará, tentem estimulá-lo. Fiquem no quarto com ele, coloquem-no para participar dos encontros familiares, deixem as crianças próximas a ele, isso pode fazer com que saia desse estado. O remédio que indico é amor e paciência, podem exagerar na dose.

Elas retornaram para Atibaia depois que Eunice passou no escritório de engenharia de Henrique, para providenciar o pagamento dos funcionários no dia seguinte, que Lavínia acabou esquecendo no dia anterior.

Eunice não queria retornar para capital naquela semana, não queria deixar os seus sem sua presença na fazenda.

Capítulo 16

Na fazenda, depois que Neiva saiu, João não conseguiu voltar a dormir. Ele abriu a mala, tirou uma bermuda, uma regata e os chinelos. Logo depois, entrou no banho gelado, como ele gostava.

Abriu a porta da casa e não conseguiu conter uma frase que resumia a bela paisagem que encheu seus olhos.

— Estou no paraíso!

Nivaldo, que também estava acostumado a acordar cedo, encontrou João parado na porta de sua casa e respondeu sorrindo.

— Pode ter certeza de que aqui é o paraíso, senhor.

— Garoto, nunca vi um lugar mais florido e bonito! Ouço o som de água caindo. Tem uma cachoeira aqui perto?

— Tem sim. O senhor quer conhecer?

— Me leve até lá. Pelo barulho, não fica muito longe.

— É logo ali depois do galinheiro. Quem é o senhor?

— Sou João, o avô de Olavinho, de Verinha e do bebê, que não me lembro do nome. E você, com se chama?

— Nivaldo, moro nesta casa. O que o senhor faz em minha casa?

— Cheguei ontem à noite, você devia estar dormindo, viemos tarde, e Eunice nos hospedou em sua casa, que estava vazia.

— É verdade, nós dormimos no sobrado. Eu fiquei no quarto com Olavinho, ele tem medo de dormir sozinho. Desde que chegaram à fazenda, Olavinho tem visto um monstro no quarto do pai dele. Eu também pude ver quando esse monstro chegou ao sobrado. Estava limpando o banheiro do quarto principal, e a tempestade caía forte aqui fora, o monstro saiu de dentro do espelho grande que tem no banheiro, fiquei com tanto medo, não voltei lá para terminar a limpeza. Por essa razão sei que Olavinho está dizendo a verdade, eu faço companhia para ele não ter medo de madrugada. Vixi!!! Contei nosso segredo. Esqueça o que falei — Nivaldo levou a mãozinha na cabeça e franzia o rosto em uma careta quando se deu conta de que havia falado demais.

— Tudo bem, o segredo está seguro comigo, pode confiar no vovô.

— Olavinho afirmava que chegaria ajuda na fazenda. O senhor deve ser essa pessoa que Camilo disse que viria.

— Camilo! Você conheceu o mentor de meu neto?

— Pude ver uma luz diferente onde Olavinho apontou. Ele afirmou que Camilo estava lá.

Os dois chegaram à cachoeira. João ficou maravilhado com a beleza da queda d'água.

— Que lugar gostoso para se pescar. Tem peixes neste rio?

— Tem sim, eu costumava pescar com meu pai antes de ele....

— Por que parou de falar? O que aconteceu com seu pai? Onde ele está?

— Morreu faz pouco tempo. Não sei onde está — disse Nivaldo com o semblante triste.

João sentiu a presença de seu mentor ao seu lado, que comunicou sobre a visita que o pai de Nivaldo fizera na noite anterior.

— Não fique triste. Seu pai está bem, me disseram que você recebeu a visita dele.

— Como sabe?

— Um amigo espiritual me disse.

— Que engraçado, o senhor também fala com os espíritos como Olavinho.

— Também sou médium, não tenho o dom de vê-los, mas posso me comunicar com eles. Meu mentor disse que você recebeu a visita de seu pai.

— É verdade, ele estava lá na direção que Olavinho apontava. O recado que Olavinho passou não deixou dúvidas de que ele estava ali de verdade. Não sei... Francisca, minha irmã, afirma que quem morre não pode voltar para contar como é do outro lado.

— Você teve a prova de que não é verdadeira essa afirmação. Quando deixamos nosso corpo aqui, nos tornamos espíritos e regressamos para nosso verdadeiro lar, em outra dimensão fora do planeta Terra.

— Eu tenho outra casa além da casa da fazenda Vereda? Isso me torna um menino rico. Posso viver em dois mundos?

— Não! Você entendeu bem o que eu disse? Se tiver alguma dúvida ou desejar saber um pouco mais, estou aqui para esclarecê-lo.

— Obrigado, tenho muitas dúvidas, mas podemos chamar Olavinho, ele precisa aprender sobre os espíritos dos mortos. Ele sofre com o que só ele pode ver.

— Eu sei, Nivaldo, vamos ajudá-lo. Vivendo nesta natureza exuberante, tenho certeza de que meu neto encontrará a paz que precisa para ficar equilibrado. Ele conhece esse lugar?

— Ainda não. Dona Eunice não deixou os filhos se afastarem da casa, tem medo de tudo. O patrão também não trouxe os dois aqui com medo de que Olavinho e Verinha caíssem na correnteza do rio. Havia chovido muito no dia anterior.

— Meu filho era um verdadeiro peixe quando criança. Aprendeu a nadar bem pequeno, gostava de sair para pescar comigo, depois do colégio. Agora me parece que tem medo de que os filhos aproveitem um delicioso banho de rio! Como as coisas mudam com o passar do tempo...

— Eu gosto de nadar no rio, adoro ficar naquela queda d'água, ela cai nos ombros e faz massagem. Quer ver como é gostoso, vovô João?

— Em outro momento, faremos isso. Agora preciso me alimentar um pouco, para depois me aventurar pela fazenda.

— Minha mãe fez um delicioso bolo de leite, ainda está quente na mesa do café, eu levo o vovô lá.

Nivaldo estava feliz. Era a primeira vez que chamava alguém de avô, não conheceu os seus avôs paternos e maternos, todos morreram antes de ele nascer.

Caminharam até o sobrado e, quando chegaram, encontraram as crianças tomando café ao lado de Francisca. Verinha correu para abraçar o avô; Olavinho pulava animado nas costas dele. Francisca precisou intervir para eles não machucarem João.

Ela rapidamente arrumou um lugar à mesa, colocou uma xícara com leite quente e café. Serviu o pão caseiro que Verônica havia feito, passou manteiga e colocou uma fatia generosa de queijo, que elas preparavam com o leite das vacas da fazenda.

— Está uma delícia essa manteiga! Pena que não posso exagerar nessas delícias todas. Preciso controlar meu colesterol. Mas vocês podem, crianças. Quem comer tudo vai passear com o vovô na cachoeira.

— Eu quero ir na cachoeira com o vovô! Posso, Francisca?

— Não sei. Sua mãe não gosta de aventura, Verinha.

— Se o Olavinho pode, eu também posso, não é, vovô?

— Francisca vem junto, assim, sua mãe não ficará brava comigo.

As crianças terminaram o café da manhã, e todos seguiram para a cachoeira. Dentro da água, João, Olavinho e Nivaldo se afastavam das duas para conversarem. O rio formava uma deliciosa piscina, cheia de pedras no fundo e na borda. Os três estavam lá. Verinha e Francisca brincavam de fazer bolinhos de lama, fora d'água. João perguntou baixo para não ser ouvido por elas:

— Sabe o que está acontecendo com seu pai?

O menino disse com a cabeça baixa:

— Um monstro prendeu meu pai, e ele não consegue se soltar. Pode ajudar a trazê-lo de volta?

— Sabe o que temos que fazer?

— Sei. Camilo disse para mandar bolas de luz sobre o papai.

— Isso é chamado de passe magnético. A energia vem de outra dimensão e chega até seu pai, melhorando seu padrão energético e sua vibração.

105

— Vibração, padrão energético? O que é isso? — perguntou Nivaldo.

— Fale baixo, Nivaldo, elas podem ouvir e contar para mamãe. Não quero mais ficar de castigo. O vovô explica melhor o que é isso.

— Darei um exemplo para você compreender melhor sobre vibração e padrão energético. Quando você está triste ou muito bravo, a energia que existe à sua volta fica sem cor, e você deixa aflorar seu lado mais negativo. Todos nós temos dois polos, o positivo e o negativo. São duas forças que existem aqui dentro, você escolhe qual deseja alimentar. Se escolher jogar fora a tristeza e ficar feliz, você mudará sua energia e sua vibração, e tudo que está à sua volta mudará também. É como se jogasse alegria no ar, você muda o que está sentindo, positivando sua mente. Logo, a vibração muda, o ambiente em que está se torna positivo e sua energia fica repleta de luz colorida. Está feliz aqui dentro da água?

— Estou, vovô João.

— Então posso afirmar que você está vibrando no positivo. A energia positiva faz verdadeiros milagres na vida das pessoas, a escolha é de cada um. Jogar energia positiva para Henrique significa dar a ele o remédio que o espírito dele precisa para se libertar das amarras que o prendeu.

— Entendi. Escolhendo ficar feliz, eu escolho uma energia boa à minha volta.

— É isso. E se jogarmos as bolas de luz sobre o papai, ele melhorará sua vibração e poderá vencer o monstro que o prendeu. Eu pude ver como ele tenta se soltar e não consegue. A energia ajudará o espírito do papai a se soltar e voltar para o corpo.

— Penso que seu pai precisa saber os motivos que este espírito teve para prendê-lo dessa forma. Você sabe que motivos são esses, Olavinho?

— Não sei, vovô. Camilo disse que papai fez uma promessa antes de nascer, não sei dizer o que prometeu.

— O espírito dele precisa se lembrar para que essa tortura termine e não volte a se repetir. Temo que se o soltarmos com a energia que lançaremos, o ataque epilético pode acontecer novamente.

— Ele precisa ficar bom. Não é agradável crescer sem pai, eu sei, não tenho mais o meu. Quero ajudar a salvar o seu pai, Olavinho.

— Todos nós vamos ajudar, mas não podemos ultrapassar os limites, tenho certeza de que na fazenda existem muitas pessoas que não acreditam na comunicação dos espíritos. Temos que ser discretos, meninos.

Os três ficaram conversando na água até Verônica chamá-los para o almoço.

Após o almoço, o avô foi descansar na rede que estava na varanda, e os meninos ficaram do lado dele ouvindo histórias que ele gostava de contar sobre a vida à beira-mar.

Capítulo 17

Eunice chegou à fazenda e estacionou o carro em frente à varanda, Neiva desceu e se apressou em pediu ajuda para João, que estava dormindo tranquilamente na rede e não escutou o som do motor do carro, que se aproximava. A mulher chamou o marido com desespero, e o coração do pobre João ficou com os batimentos descompassados. Neiva era o exagero em pessoa naquele momento.

Eunice abriu a porta do carro e convidou Henrique para sair, que mesmo atordoado, se moveu lentamente obedecendo ao chamado da esposa. Fabrício ficou no carro até que alguém soltasse o cinto da cadeirinha. Neste momento, João deu a volta e se aproximou do filho, que já havia deixado o veículo e estava sendo guiado por Eunice para entrar na casa.

O espírito que aprisionou Henrique não gostou da presença de João ali, pois sentiu que ele sabia como manipular as energias negativas e mandá-lo embora. Amedrontado com a presença de um médium experiente, Juvenal teve medo de perder o controle da situação e lançou sobre a cabeça de seu obsidiado uma forma cônica de energia escura, marrom com nuances avermelhadas. Henrique se soltou do braço que o guiava sentindo seu corpo ser acometido por tremores, teve um forte ataque epilético e caiu sobre o gramado.

As crianças, que haviam entrado para brincar na sala de brinquedos, ouviram os gritos da avó e voltaram a tempo de presenciar uma cena muito desagradável: Henrique se debatia no chão, na frente do sobrado.

Eunice tentava deixá-lo confortável, virando-o de lado para abrir suas vias respiratórias. Com os gritos de pânico de Neiva, Henrique se debatia com mais intensidade.

Francisca, que estava no fundo da casa recolhendo as roupas no varal, ajudou nos procedimentos como sabia. A uma ordem da moça, Neiva soltou o filho. João segurou a esposa, que naquele momento estava tendo uma crise nervosa.

As crianças choravam assustadas. Alguns empregados da fazenda vieram para ajudar quando ouviram a confusão na frente do sobrado. Caio, o namorado de Francisca, estava entre eles.

Francisca pediu que um dos homens segurasse a cabeça do patrão. Verônica estava atônita, parada nos degraus na frente da varanda, ao lado das crianças. Francisca gritou para que a mãe a ouvisse:

— Pegue o bebê, as crianças e entre. Agora!

— Senhor João, leve dona Neiva para a cozinha e dê a ela água com açúcar.

— Caio, coloque o carro na garagem.

— Dona Eunice, a senhora está bem?

— Estou trêmula.

— Pegue uma toalha no lavabo e limpe os lábios de seu marido.

Todos obedeceram a Francisca, que falava com autoridade. A crise de Henrique foi ficando mais branda até passar. Na cozinha, Olavinho contava para o avô o que estava vendo por meio de sua mediunidade.

— O monstro voltou! Está ao lado do papai, jogou sobre ele uma massa escura e o deixou doente. Vamos orar, vovô. Camilo pede para imaginarmos bolas de energia branca descendo do céu sobre a cabeça de papai, pede para imaginarmos papai muito feliz.

Neiva, Verônica, João e as crianças obedeceram Olavinho. Em poucos segundos, Henrique recebeu a energia salutar de que necessitava para ficar melhor. O espírito de Juvenal sentiu o empuxo da energia positiva concentrado sobre o corpo de Henrique e se afastou.

Olavinho por alguns segundos deixou seu espírito agir e se sintonizou com o espírito de seu pai e foi levado até onde Henrique estava preso no umbral, amarrado por grossas cordas que impediam que ele movimentasse as mãos. Com a energia positiva que ele recebeu, as amarras enfraqueceram, e Olavinho teve força para puxar a corda desamarrando o nó. Os dois retornaram para seus corpos físicos, guiados pela voz de Camilo. Olavinho abriu os olhos e disse:

— O monstro se foi, e papai está bem agora. Acordou.

Neiva e Verônica, que oravam de mãos dadas, param de orar e olharam para Olavinho assustadas. Ele estava na frente do avô, que segurava nos braços Verinha, que soluçava com medo.

Nivaldo estava segurando o bebê afastado do grupo. Naquele momento, todos sentiram uma pressão desagradável desaparecer do ambiente.

As mulheres sentiram um alívio e ficaram assustadas com Olavinho. Em segundos, Francisca apareceu na porta da cozinha avisando que Henrique estava bem. Uma olhou para a outra, e Neiva perguntou para o neto:

— Como sabia?

— Seu neto tem sensibilidade mediúnica. Ele afastou o obsessor que atacou Henrique — respondeu João vindo ao socorro de Olavinho.

— Quem atacou papai? Foi o monstro, Olavinho? — perguntou Verinha.

— Olha o que você está fazendo com essa sua mania de tudo ser espiritual! Não foi nada disso, Verinha, não existe monstro algum atacando seu pai. Vovô está brincando com vocês. Acredite na vovó.

— Verdade, vovô? Não existe esse monstro que só Olavinho pode ver?

— Querida, depois vamos conversar a esse respeito — comentou João para deixar a menina mais tranquila.

— Seu irmão está inventando esse monstro para assustá-la, minha pequena. Não é verdade, Olavinho? — insistia Neiva.

— Eu não inventei nada! Por que não acreditam no que digo? Tinha um monstro que desejava fazer mal para o papai, porém, a vovó não acredita. Temos que proteger nosso pai jogando bolas de luz sobre ele. Você acredita no que digo, Verinha?

— Acredito sim. Eu quero ajudar o papai.

— Ele voltou! — disse Olavinho abrindo um sorriso.

— O espírito voltou? — João perguntou aflito.

— Não, vovô, papai retornou...

Neste instante, na sala, Henrique foi colocado sobre o sofá por Caio e um trabalhador da fazenda. O homem abriu os olhos, passou a mão no rosto e perguntou com a voz cansada para Eunice:

— Onde está Olavinho? Ele me trouxe de volta. Eu estava perdido em um lugar horrível.

— Amor, foi um pesadelo. Olavinho está na cozinha com seu pai e sua mãe.

— Eles estão aqui? Como conseguiu que viessem? A casa de hóspedes ainda não está pronta.

— Fique calmo. Eles estão hospedados na casa de Verônica.

— Quem é Verônica?

— Nossa empregada. Não se recorda de que a contratou para cuidar da casa? Ela trabalhava com os antigos donos da fazenda.

— Verdade. É que minha cabeça está confusa, é como se eu estivesse saído de dentro de um tornado. Os pensamentos estão confusos.

— Ficará bem depois de um banho de banheira. Vamos subir.

— Não, quero cumprimentar meus pais. Chame-os, por favor.

— Francisca, traga Neiva e João até a sala. Diga à sua mãe para dar o jantar para as crianças, e depois você as coloca na cama.

— Sim, senhora.

— Não os coloque na cama. Quero conversar com Olavinho, ele precisa me contar como me encontrou naquele lugar horrível.

— Não faça isso, querido, deixe nosso filho fora de seu pesadelo. Olavinho não fez nada para tirá-lo do transe. Não

111

coloque mais ideias estranhas na cabeça do menino. Foi apenas um pesadelo e você acordou, amor.

— Não acredita, não é? Eu estava perdido, e Olavinho surgiu no caminho e me trouxe de volta. Ele segurou minha mão e me guiou na escuridão. O corpo de meu filho brilhava como um farol, e ele me disse para não ter medo.

— Henrique, por favor! Basta desse assunto. Seus pais estão se aproximando.

Henrique, que estava deitado no sofá, sentou-se e tentou ficar de pé, mas as pernas dele ainda tremiam pela contração dos músculos causada pelo ataque epilético. Sem conseguir ficar de pé, ele abraçou Neiva, que se sentou ao lado do filho. Ela chorava nervosa, e João tentava controlar a emoção de ver o filho melhor. Neiva falou:

— Deus seja louvado! Meu filho, você finalmente despertou. Como se sente?

— Bem, um pouco confuso, mas consciente de onde estou.

Henrique contou aos pais que Olavinho o tirou de um lugar escuro, deu detalhes que deixaram Neiva abismada, e Eunice preocupada com a sanidade mental do marido.

Depois da conversa com os pais, Henrique decidiu tomar um banho, para esperar o jantar. Ele estava faminto, mas sentia seu corpo suado, e era desagradável ficar com a roupa suja de grama e de terra.

***

Nivaldo acompanhou Olavinho e Verinha até a sala de brinquedos. Francisca foi cuidar do bebê.

Nivaldo e Verinha cercaram Olavinho e fizeram muitas perguntas, queriam saber os detalhes sobre o resgate do pai.

Enquanto isso, na sala, Henrique contava para os pais o que aconteceu durante a crise, e Nivaldo estava ouvindo na porta da sala de brinquedos. Comparando os detalhes que ouviu de um e de outro, o menino não teve dúvidas de que as histórias se complementavam, e realmente os dois estiveram no mesmo local.

Nivaldo decidiu colocar no papel os detalhes narrados pelos dois e fez um desenho com lápis de cor. Quando mostrou para Olavinho, o amigo sorriu e disse:

— Realmente, você me compreendeu. Estive nesse lugar por alguns segundos, enquanto estava mandando bolas de luz para meu pai. Estive nesse lugar, desamarrei a corda que prendia meu pai, o peguei pela mão e o trouxe de volta para o corpo.

— Como fez isso? Como pôde estar em dois lugares ao mesmo tempo? — perguntou Nivaldo.

— Somos divididos em dois. Estive lá em espírito, e estava aqui em meu corpo físico. Sou os dois.

— Poxa! Você tem poderes de super-herói. Que legal! Podemos brincar com seus poderes? — perguntou Nivaldo.

— Não! Meus poderes são especiais. Não posso brincar com eles. Vamos brincar de outra coisa? Eu sou o vendedor de carros. Você quer comprar um carrinho?

— Eu quero comprar um carro. Tem cor de rosa? — perguntou Verinha entrando na brincadeira.

— Tem branco, azul e amarelo. Rosa não tem.

As crianças ficaram brincando até o jantar ser servido. Todos estavam se sentindo mais calmos.

Quando o jantar ficou pronto, Verônica convidou a todos para se sentarem em volta da mesa farta.

Verônica e Francisca traziam as travessas, e o aroma delicioso tomou conta da sala de jantar. Todos se deliciaram com a saborosa refeição. As boas vibrações estavam presentes no ambiente.

Capítulo 18

Neiva agarrou-se a Henrique e não desejava se afastar dele para seguir até a casa onde estava hospedada. A mulher não compreendia o que estava acontecendo com o filho. Sabia que Eunice não cuidaria bem dele, quando ela estivesse distante. Disputava a atenção de Henrique com a esposa. Para Neiva, a nora era uma intrusa que roubou seu filho amado de sua companhia. Nunca gostou dela.

No primeiro encontro com Eunice, Neiva ficou indignada com a escolha do filho. Sentia que aquela mulher não seria uma boa companheira para Henrique.

Não era uma mãe ciumenta ou possessiva, mas a presença de Eunice a incomodava a ponto de procurar outras moças para desviar a atenção de Henrique, que estava apaixonado por Eunice. Neiva fez o que pôde para acabar com o namoro dos dois.

Eunice não notou a campanha que a sogra realizou contra ela. Mesmo sem saber, não conseguia ficar à vontade na presença de Neiva e, no primeiro encontro, sentiu asco por estar no mesmo ambiente que aquela mulher. Ela procurou em suas lembranças se já conhecia Neiva, mas não havia a menor possibilidade de se conhecerem nesta vida. Eunice tentava se controlar para não perder o equilíbrio mental, não compreendia por que sentia tanta repulsa e sabia que o sentimento era recíproco.

Ela tentava disfarçar o asco que sentia pela sogra e suportou a presença de Neiva em seu casamento, mas não deu chance para outros encontros com o passar dos anos. Havia deixado claro para a sogra que não gostaria que convivessem, em uma conversa séria e definitiva.

Neiva não impôs sua presença na casa do filho. Quando os netos nasciam, Henrique levava as crianças para os pais conhecê-las. Ele ficava triste com as recusas de Neiva para visitá-los, era difícil para ele aceitar que sua esposa e sua mãe não seriam amigas, como ele desejou. Sentia a irritabilidade da esposa quando tocava no nome da mãe. O mesmo acontecia com Neiva, que tentava disfarçar seus sentimentos diante do filho.

Já com a noiva de Humberto, Neiva caiu de amores pela moça e se tornaram grandes amigas. Neiva era uma sogra maravilhosa para Heloísa, que adorava a presença doce e carinhosa dela.

***

Por insistência de Neiva, Verônica deixou o quarto de hóspede e retornou para sua casa aquela noite. Neiva e João ficariam hospedados no sobrado, para ficarem mais próximos do filho doente.

Verônica levou Nivaldo, que não queria deixar de brincar com o amiguinho aquela noite. O menino sabia que Olavinho tinha muito para contar, e só poderia confiar nele e no avô para compartilhar seus segredos. Os três combinaram de conversar pela manhã, longe do sobrado e distante das pessoas que não acreditavam na espiritualidade.

Nivaldo acompanhou a mãe com os olhos tristes. Antes de deixar a área de lazer do sobrado, ele pediu para Francisca, que ficou para cuidar do bebê:

— Cuide do Olavinho, ele tem medo de ficar sozinho no quarto, tem medo do monstro que atormenta o pai. Passe no quarto dele e segure sua mão até ele dormir, como eu fiz a noite passada.

— Pode deixar comigo. Olavinho não terá medo esta noite, querido. Faça companhia para mamãe. Ela também me parece que está impressionada com a doença do patrão.

— Deve ser por lembrar os ataques que papai tinha antes de morrer. Será que o pai de Olavinho também morrerá?
— Não. O patrão ficará bem. Estamos todos orando por ele como Olavinho nos ensinou. Ele despertou e ficará cada dia melhor. Você verá.
— Obrigado por cuidar do meu amigo. Até amanhã.
— Até, querido. Durma bem.

Nivaldo atendeu ao chamado de Verônica, que o esperava na varanda. Os dois seguiram na escuridão pela trilha que levava à antiga sede da fazenda. Contornaram a casa e seguiram o caminho de pedras até sua aconchegante casinha. Para Verônica, era a melhor visão naquele dia. Ela sentiu tamanha felicidade ao entrar em seu lar e não percebeu que o filho estava temeroso todo o caminho.

Quando ela abriu a porta, Nivaldo ficou parado olhando na direção do sobrado. Desejava ajudar Olavinho e pensava que se o monstro atacasse naquela noite, ele não estaria lá para salvá-lo.
— Entre, filho, é tarde, precisamos dormir para acordamos bem-dispostos. Tem muito trabalho nos esperando amanhã. Não se esqueça de recolher os ovos do galinheiro bem cedinho.
— Não esquecerei, mãe. Quer um peixe para o almoço?
— Sabe que adoro quando pesca seus peixinhos. Adoraria preparar um para o almoço amanhã.
— Pescarei com o vovô e Olavinho, se ele acordar bem.
— E por que não acordaria? O menino tem saúde boa! Venha dormir ou amanhã não conseguirá acordar cedo para pescar nosso almoço.

Nivaldo entrou em casa e se distraiu com seus brinquedos feitos de pedaços de madeira e garrafas plásticas descartáveis. Ele e Francisca construíam brinquedos com material reciclável, para distribuir às crianças da fazenda.

***

No sobrado, no quarto do casal, Henrique estava um tanto constrangido por dormir ao lado de Eunice. Recordava que antes de ter o primeiro ataque estava ocupando o quarto de hóspedes e havia levado as roupas para lá. Enquanto Eunice estava no banheiro, ele entrou no *closet* e encontrou todas suas roupas organizadas ali. Não desejava o divórcio e também não queria ficar ao lado dela, mas se deixasse o quarto, teria de explicar aos seus pais o motivo que o levou a se afastar da esposa. Ele não se recordava dos motivos. Como explicar algo que não sabia? Estava com medo de ter novamente o ataque epilético, pensou em dormir no quarto com Olavinho, mas desistiu diante da hipótese de ter um ataque na frente do filho. Vestiu o pijama e deitou-se no seu lado da cama. Eunice saiu do banheiro vestida com uma camisola de tecido transparente. O perfume agradável e suave da mulher tomou conta das narinas de Henrique. Ela estava com os cabelos soltos e em seus olhos havia um brilho que despertou em Henrique o fogo do desejo, porém, ele tentou se conter.

Ela se deitou ao lado do marido, apagou a luz do abajur e perguntou:

— Se sente bem? Quer alguma coisa?

— Estou bem, quero um pouco de carinho. Você está linda hoje!

Os dois se entregaram ao prazer de estarem juntos. O sono e o cansaço chegaram horas depois, quando o prazer havia sido aplacado naquela agradável noite de amor.

Pela manhã, antes de o sol nascer no horizonte, Neiva deixou o quarto de hóspedes no sobrado e caminhou pela casa. A mulher encontrava defeito em tudo, o que era pura implicância com a nora.

Quando Verônica trouxe o leite fresquinho da ordenha, Neiva já havia feito o café e estava com um bolo no forno quase pronto. O pão fresquinho havia sido deixado pelo entregador contratado por Henrique junto com o jornal na varanda da casa.

Orlando chegou à fazenda com dois ajudantes para terminarem a reforma da casa. Verônica ofereceu a eles o café da manhã na cozinha externa. Preparou outro bule e entregou para Orlando.

Neiva foi apresentada a ele, e Orlando fez questão de mostrar a casa para ela, queria a opinião de uma mulher nos detalhes que estavam faltando para terminar a reforma. Neiva fez questão de acompanhá-los e opinar somente para provocar Eunice.

João acordou com Olavinho puxando sua mão e dizendo:

— Acorde, vovô, o monstro voltou! Está ao lado de papai no quarto. Ele precisa de nossa ajuda. Acorde, vovô!

João passou a mão pelo rosto, ajeitou os poucos cabelos brancos que ainda restavam em sua cabeça e disse:

— Fique calmo! Vamos dar um passe energético em seu pai a distância. Não podemos entrar no quarto deles sem um bom motivo.

—Tem certeza de que afastaremos o monstro dessa forma?

— Sim. Se seu pai não registrar a energia densa desse nosso irmão.

—Tarde demais... Ele sabe que notamos sua presença. Quer me tirar do caminho e ao senhor também.

— Nós temos forças para expulsá-lo. Lance sobre ele a bola de luz, isso o deixará paralisado por um tempo. Peça a ajuda de seu mentor Camilo.

— Camilo disse que não podemos nos envolver. Papai prometeu algo para esse espírito, e ele está aqui para lembrá-lo de que está na hora de a promessa ser cumprida.

— Sabe do que se trata essa promessa?

— Não, vovô, gostaria muito de descobrir e assim poder alertar o papai para cumpri-la.

— Camilo pode ajudar para que o espírito revele a você o que foi prometido?

— Ele disse para termos paciência, que tudo será esclarecido, precisam de tempo para as engrenagens se moverem na direção correta. O que podemos fazer é mandar luz, somente isso.

— Ele sabe o que está dizendo, querido. Não adianta nos envolvermos nesse assunto. Pare de chamar o espírito de monstro, chame-o de irmão. Todos gostam de respeito. Não o julgue como inimigo. Não sabemos a ligação que teve e tem com seu pai. Tenho certeza de que os laços que os prendem vêm de uma vida passada, na qual estavam juntos.

— Posso ver o passado e outras dimensões no presente, vovô. Basta eu me concentrar e ficar em silêncio. Vejo imagens reais. No primeiro ataque que papai teve, pude vê-lo caminhando em um lugar feio e escuro. Eu o tirei de lá com a ajuda de Camilo. Quer ver como consigo saber quem o vovô foi na vida passada?

— Não, querido, melhor se concentrar na promessa que seu pai fez, deve está em uma vida passada dele. Temos que ajudá-lo. Tente descobrir o que aconteceu no passado entre seu pai e este amigo que veio cobrá-lo.

Olavinho sentou-se na cama do avô em posição meditativa. Ficou assim em silêncio por cinco minutos e depois disse saindo do transe:

— O espírito do monstro... Desculpe, escapou! O espírito do amigo estava lá, eu pude vê-lo, vestia roupas antigas cheias de babados, estava em uma casa bonita e rica, vovó gritava furiosa com a mamãe, e esse homem tentava acalmá-las.

— As duas estavam juntas?

—Todos estavam lá, o papai e esse espírito, que era o pai das duas, que brigavam disputando o amor do mesmo homem, o meu pai. Mas como pode? Ela hoje é mãe dele!

— Continue, querido, esqueça os parentescos de hoje, se concentre na história que está sendo mostrada em sua visão. O que mais pôde ver?

— Meu pai escolheu a irmã mais nova, e vovó ficou furiosa, ela passou o resto da vida em um convento, estava muito triste.

— Ela se vingou?

— Não sei, não consigo ver, vovô.

— Tente outra hora. Demos um passo importante para descobrir o que seu pai prometeu a este homem.

— Então vamos descer. O senhor prometeu que sairíamos cedo para pescar.

— Vamos lá, promessa é dívida, e não quero ser cobrado mais tarde.

Os dois trocaram de roupa, tomaram café da manhã e passaram na casa de Nivaldo para chamá-lo para a pescaria.

Capítulo 19

No quarto do casal, Henrique sentiu enjoo e seu corpo começou a ficar trêmulo, ele sabia que teria uma crise epilética. Acordou Eunice e tentou avisá-la. As palavras não saíram com clareza, e ele começou a se debater sobre a cama.

Eunice pulou da cama rapidamente, tentou segurar o marido, mas Henrique era um homem alto e forte, e caiu batendo a cabeça com força no piso frio do quarto. Eunice acendeu a luz o mais rápido que pôde, abriu a porta do quarto e pediu ajuda, chamando por Francisca.

A moça, que estava dormindo, por pouco não caiu da cama. Ela despertou com os gritos de Eunice. O sol iluminava o corredor passando através da longa claraboia. Como ela estava no quarto de Fabrício, a criança acordou quando ela tentou se levantar rapidamente para socorrer a patroa. Francisca entrou no quarto depois que chamou a mãe do alto da escada. Alguém precisava ficar com o bebê. Quando entrou no quarto do casal, deparou-se com Eunice desesperada tentando segurar a cabeça do marido, que se debatia freneticamente no chão.

Dessa vez, a crise estava mais forte que as outras que ele tivera.

Henrique sangrava por ter batido a cabeça, seus lábios também estavam feridos, e a espuma que se formava no canto da boca dessa vez estava vermelha de sangue.

Verônica subiu correndo atendendo o chamado da filha. Ela abriu a porta do quarto do casal e ficou muito abalada com a situação do patrão. As duas mulheres tentavam ajudá-lo, mas não conseguiram deter Henrique. Francisca pediu à mãe:

— Fique com o Fabrício. Ele acordou assustado, nós daremos um jeito aqui.

Antes de Verônica sair do quarto, ela sentiu um arrepio pelo corpo. Era a presença do espírito que castigava o corpo de Henrique. Ela deixou o quarto o mais rápido que pôde, fez o sinal da cruz e seguiu para cuidar do bebê.

No quarto, encontrou Verinha tentando acalmar o irmão no berço. A menina acariciava a cabecinha do irmãozinho. Verônica cuidou das crianças até que o ataque de Henrique terminasse.

Eunice não conseguia conter as lágrimas, ficou debruçada sobre o corpo do marido chamando por ele. Foi difícil para Francisca tirar Eunice de perto de Henrique.

— Venha, dona Eunice, precisamos levá-lo para o hospital. Ele tem um ferimento na cabeça, está sangrando muito e não está acordando.

— Ele está morto?

— Não, ainda respira. É preciso ser forte, patroa, seu marido precisa de ajuda médica. Chamarei alguns homens da fazenda para nos ajudar a colocá-lo no carro. Precisamos ser rápidas. Troque de roupa, não pode sair com essa camisola transparente.

— Tem razão, preciso trocar de roupa e levá-lo para o hospital. Chame o mestre de obras. Não estou em condições de dirigir na estrada, estou trêmula.

Francisca obedeceu Eunice e correu até a antiga casa, que era sede da fazenda Vereda. Encontrou Neiva que, ao receber a notícia de um novo ataque do filho, ficou desesperada, saiu correndo na direção do sobrado e acabou caindo nas pedras que formavam o caminho.

Orlando reuniu seus ajudantes e todos entraram no carro do mestre de obras e seguiram para o sobrado. No meio do caminho, encontraram Neiva caída, ela não conseguia se levantar, e um dos rapazes a pegou nos braços e a colocou dentro da caminhonete.

Quando chegaram ao sobrado, os ajudantes entraram na casa pela porta principal, seguindo Francisca. Os dois rapazes entraram no quarto e ficaram assustados com o estado de Henrique caído no chão. Ao lado dele, estava Eunice, pálida, segurando uma toalha tentando conter o sangue que insistia em jorrar do ferimento na cabeça dele.

Os homens pegaram o corpo pesado de Henrique e o levaram até a caminhonete. Orlando deu a partida no veículo e, rapidamente, deixaram a fazenda seguindo na direção da cidade de Atibaia, a caminho do pronto-socorro mais próximo.

Neiva gritava desesperada imaginando que o filho estivesse morto. Eunice teve que ser ríspida com ela para demovê-la dessa falsa ideia.

— Cale esta boca! Meu marido está vivo! Não venha novamente jogar sua praga sobre nós!

Orlando, ao volante, se assustou com o modo como Eunice chamou a atenção da sogra.

Neiva sentiu algo estranho, foi como se essa cena já houvesse ocorrido no passado. Ela disse em um impulso, obedecendo ao espírito de Juvenal, que lançava sobre a mente das duas cenas da vida passada:

— Sabia que ele jamais seria feliz ao seu lado, Virgínia!

— O que disse? Me chamou de Virgínia?

— Por favor, senhoras, não é o momento de acertar suas diferenças. Fiquem unidas. Henrique precisa das duas.

Orlando pisou mais forte no acelerador, as duas se calaram e ficaram com pensamentos estranhos, soltos na mente.

A certeza de terem vivido cenas parecidas voltava à mente delas, como um *déjà-vu*. As mulheres permaneceram caladas até chegarem ao pronto-socorro.

Orlado desceu do carro e pediu duas macas ao segurança, que imaginou ter ocorrido um acidente para um só carro aparecer com dois casos para atendimento.

Eunice acompanhou o marido, e Orlando, depois de estacionar a caminhonete, fez companhia para Neiva, que havia fraturado o tornozelo direito.

O médico avisou Orlando que Neiva precisava de uma pequena cirurgia, para colocar um pino de titânio. A osteoporose deixou os ossos de Neiva mais frágeis.

Henrique levou cinco pontos no ferimento da cabeça e foi encaminhado para a outra ala do hospital, para internação. O estado dele requeria mais atenção do neurologista, que desconfiava de um aneurisma no cérebro do seu paciente.

Novamente, Henrique é colocado na máquina de ressonância magnética e tem o cérebro minuciosamente investigado pelo especialista.

Eunice é levada para o quarto que o marido ocuparia depois do exame.

Orlando, depois de procurar em mais da metade do hospital, é informado que Eunice estava no terceiro andar, no quarto 310, na ala de internação. O mestre de obras, ao chegar ao quarto, abriu a porta e encontrou Eunice estática diante da janela do hospital. A mulher não olhava para lugar algum, seus olhos registravam um vazio infinito, estava alheia a tudo, apática. Ele perguntou da porta:

— Dona Eunice, seu marido está melhor?

Não houve resposta, e Orlando insistiu na pergunta:

— Dona Eunice, como está seu marido?

Ela não respondia. Foi preciso Orlando se aproximar da patroa e chacoalhar o braço dela para trazê-la à razão.

— Dona Eunice, a senhora está bem?

— Estou, estava distraída. O que perguntou, Orlando?

— Como está seu marido?

— Ele não acordou! Está realizando um exame neste momento. O senhor pode voltar para a fazenda, depois tomarei um táxi para regressar. Realmente, não estou em condições de dirigir. Agradeço seus préstimos, muito obrigada.

— Estou ao seu dispor. Dona Neiva também está internada, os médicos marcaram a cirurgia para amanhã cedo, talvez receba alta um dia depois da cirurgia.

— Cirurgia? O que aconteceu com ela?

— Sua sogra caiu na fazenda quando foi avisada que o filho não estava bem, ela quebrou o tornozelo direito.

123

— Eu não sabia. Imaginei que havia entrado no carro por ser teimosa e desejar ficar próximo do filho. Como essa mulher é desagradável!

Eunice novamente se distraiu, e Orlando novamente tocou no braço da patroa perguntando:

— Dona Neiva tem outro filho que possa cuidar dela? A senhora não está em condições de cuidar de si mesma ou de qualquer outra pessoa.

— Realmente, estou distraída. Como é possível um homem forte como Henrique ficar nesse estado? Os médicos não descobrem a doença que ele tem!

— Fique calma. Nesta cidade, existem ótimos médicos. Em pouco tempo, eles descobrirão a doença de seu marido. Existe outro parente que possa se responsabilizar pela senhora Neiva?

— Humberto, o irmão de meu marido. Passe em minha casa e peça a Francisca para ligar para Humberto. Ela encontrará o número na agenda próxima ao telefone. Realmente, não estou em condições de cuidar de ninguém. Termine rapidamente a reforma da casa para hospedar os pais de Henrique, antes que eu tenha uma crise nervosa se continuar dividindo o mesmo teto que ela!

O espírito de Camilo estava no quarto e induziu Orlando para que ele falasse sobre vidas passadas. Estava na hora de Eunice e Neiva se entenderam antes que Henrique fosse ainda mais prejudicado por seu cobrador voraz.

— Desculpe perguntar, dona Eunice, sinto que fala de sua sogra com rancor. O que aconteceu durante o trajeto do hospital foi estranho, senti uma energia densa e muito negativa entre as duas. Desculpe dizer, mas creio que a vida colocou as duas juntas novamente para que haja um entendimento entre vocês. Queira ou não, ela ficará hospedada em sua fazenda por um bom tempo, até ficar curada da queda que sofreu.

— Tenho que pedir desculpas pelo modo como me comportei em seu carro. Não sou dada a escândalos, mas realmente a presença dessa mulher me deixa furiosa.

— Existe algum motivo para ter raiva de dona Neiva?

— Não que eu tenha recordação. A presença dela me deixa nesse estado. É estranho. Sou uma mulher equilibrada e cordial com todas as pessoas à minha volta. Mas no caso de Neiva eu realmente perco o equilíbrio e me torno uma selvagem furiosa.

— Isso me parece desavença de vidas passadas. Não sei se acredita que já estivemos presentes neste planeta com outra identidade?

— Você é como meu sogro que acredita na reencarnação do espírito? Realmente, não creio nessa fantasia. Não existem provas científicas que comprovem suas afirmações, senhor Orlando.

— Penso que deveria abrir os olhos para a verdade. Sinto que a vida está chamando sua atenção para um drama que viveram no passado. Não é a primeira vez que tem um parentesco com dona Neiva, sinto isso.

— Deus estaria me castigando me colocando novamente ao lado dela! Não suporto a presença desta mulher em minha vida. Ela mexe com o meu lado mais nebuloso. Tem algo que desejamos esquecer, e é como se a presença dela colocasse o dedo na ferida que não cicatrizou. Desculpe meu desabafo. Evitei estar próxima de minha sogra todos esses anos, e agora, com Henrique doente, não tive como não avisá-la sobre a doença do filho.

— Pense no que eu disse. Sinto que as duas precisam ficar em paz com o passado, que está oculto no subconsciente das duas. Agora tenho que voltar para a fazenda. Fique bem. Se precisar, basta me chamar.

— Obrigada, mas realmente não desejo continuar essa conversa, ela seguiu um rumo estranho e desagradável. Neiva e eu nos toleramos por Henrique.

Orlando deixou o quarto e voltou ao trabalho na casa de hóspedes.

Eunice pegou o telefone, tinha a intenção de ligar para a mãe em São Paulo, precisava cancelar a festa de aniversário de Olavinho. Ficou parada com o celular na mão e se distraiu novamente olhando para a paisagem pela janela. Depois de um tempo razoável, Eunice já não lembrava mais por que estava com o telefone na mão e acabou não fazendo a ligação.

125

Capítulo 20

    Pela manhã, Nivaldo iniciou seu dia com alegria. O menino acompanhou João e Olavinho até o rio depois de saciar sua fome com um delicioso pão que Verônica esquentou na frigideira com um pouco de manteiga. Ela também colocou leite quente com achocolatado na caneca de metal que o filho tanto gostava.

    Nivaldo beijou Verônica e saiu pulando de alegria por encontrar companhia para pescar. O menino levou João e Olavinho próximos ao galinheiro e cavou a terra suavemente. Logo, apareceram as primeiras minhocas, e Nivaldo as colocou em um potinho plástico dizendo:

— Nossa pescaria será boa. Hoje não tem vento e nem sinal de chuva. Os peixes não gostam quando chove, ficam escondidos em suas tocas no fundo do rio.

— Este é um bom pescador! Melhor aprender com seu amigo, Olavinho. Sempre terá peixes graúdos para levar à mesa.

— Eu não sei pescar, vovô, e também não gosto de comer peixe. Prefiro camarão ou lula.

— Não tem camarão no riozinho! Lula não sei o que é! Mas não deve ter aqui no rio — disse Nivaldo coçando a cabeça e intrigado para descobrir o que era lula.

— E não tem mesmo, meninos, camarões terão somente se o antigo dono da fazenda os cultivou aqui no riozinho. Já a lula é pescada no mar, em água salgada.

— Vocês sabem como colocar a minhoca no anzol para enganar os peixes? — perguntou Nivaldo já colocando sua isca no anzol.

— Isso é nojento, vovô! Não quero mais pescar se tiver que pegar essa minhoca na mão.

— Você parece minha irmã. Quer pescar, mas não coloca a isca no anzol. Eu sei colocar a minhoca, vovô, meu pai me ensinou. É preciso cobrir todo o anzol e deixar um pedaço da minhoca mexendo na água. O peixe vem comer a minhoca e se enrosca no anzol, aí é só puxar devagar para ele não escapar.

— Seu pai te ensinou direitinho a pescar. Muito bem, Nivaldo! Vamos apostar quantos peixes levaremos para casa?

— Eu quero ser o campeão, vovô.

— Será somente se pescar mais peixes que o vovô João e eu. Não vale trapacear, Olavinho.

— Não sou trapaceiro! Quero ser o campeão e poder contar para a mamãe que sou melhor pescador que os dois.

— Então saia da água. Está espantando os peixes. Agora não é hora de tomar banho no rio. Mais tarde, podemos nadar, vovô João? Eu quero entrar debaixo da cachoeira.

— Podemos. Agora, vamos ficar em silêncio para não espantar os peixes. Jogue a vara e fique quietinho, Olavinho.

Os meninos obedeceram. Olavinho tentava imitar todos os gestos de Nivaldo que, em poucos minutos, tirou seu primeiro peixinho da água.

Olavinho torcia para conseguir pescar também, mas acabou levando um susto quando a ponta de sua vara curvou, mostrando que ele havia fisgado um peixe. O menino fez tudo o que Nivaldo e o avô instruíram e, na ponta do anzol, trouxe um peixe maior do que Nivaldo havia pescado.

Olavinho ficou muito animado, fez menção de deixar o rio e correr para casa, para mostrar o peixe para a mãe.

— Onde pensa que vai, Olavinho?

— Quero mostrar para mamãe...

— Não quer pegar mais alguns peixes? Melhor registrar esse momento. Vamos tirar uma foto. Segure o peixe no alto.

João pegou a máquina fotográfica, que estava entre o material de pesca, e tirou algumas fotos.

Olavinho fez pose com o peixe pendurado no anzol, próximo à sua cabeça. O menino estava animado, com um lindo sorriso estampado em seu rosto. De repente, ele parou de sorrir, fechou o semblante e ficou pálido. João também sentiu um forte arrepio no corpo, denunciando que havia por perto um espírito perturbado.

— Olavinho, me diga o que está vendo. Eu senti uma presença negativa.

— Ali, vovô, na frente da queda d'água, na outra margem do rio, ele está lá sorrindo pelo que fez com papai!

— O que ele quer, Olavinho? Pergunte a ele o que deseja. Não tenha medo, fale com ele.

— Ele grita: "A promessa tem que ser cumprida!".

— Pergunte o que foi prometido.

— Ele disse que Eliseu sabe.

— Quem é Eliseu?

— Era o nome que meu pai usava quando se comprometeu com esse espírito. Ele disse que todos sofrerão até que seja cumprido o que foi prometido. Ele desapareceu. Papai teve outra crise! Estão a caminho do hospital.

— Meu Deus! Como podemos ajudar Henrique?

— Vovó! — Olavinho estava com os olhos parados em um ponto no meio do rio e repetiu: — Vovó Neiva!

— O que está vendo, meu neto? — João começou a ficar nervoso com a angústia que sentia olhando para Olavinho.

Nivaldo tocou no amigo, e ele saiu do transe. João perguntou angustiado:

— O que aconteceu com sua avó?

— Ela caiu e feriu o pé. Mamãe e o homem que construiu nossa casa levaram vovó e papai para o hospital. Nada mais podemos fazer para ajudar. Camilo falou que está tudo bem, podemos continuar nossa pescaria animada.

— Não posso ficar aqui sem notícia de Neiva. Recolham as varas para voltarmos para casa.

— Podemos ficar um pouco mais, vovô? Não quero voltar agora, não tomamos banho na cachoeira.

— Em outra ocasião, ficaremos o dia todo aqui.

— Então posso ficar com Nivaldo, depois voltaremos para o sobrado.

— Não posso deixar duas crianças sozinhas no rio. Obedeça, Olavinho, temos que voltar.

— Tudo bem, eu ganhei a aposta, pesquei o maior peixe! Pena que mamãe não está em casa para ver o peixe que pesquei sozinho!

— Depois Francisca tira mais fotos e mostraremos para sua mãe. Melhor se apressar. Seu avô está pálido e nervoso com o que disse a ele.

— Contei apenas o que vi. Vovó caiu, feriu o pé e foi para o hospital. Camilo me mostrou.

— Melhor não contar mais nada sobre suas visões quando Camilo te mostrar. Vovô João está ficando nervoso demais.

Os três recolheram os equipamentos de pesca e voltaram pela trilha de pedras. Passando na frente da antiga sede da fazenda, que estava sendo reformada, um dos funcionários de Orlando parou de mexer a massa de cimento e contou para João o que aconteceu com Neiva e o patrão.

João queria correr para chegar rápido ao sobrado, Nivaldo e Olavinho o impediram dizendo:

— Não adianta correr, vovô, eles estão no hospital na cidade. Cuidado com as pedras do caminho. O senhor pode cair e se ferir como a vovó.

Verônica estava na área de serviço colocando as toalhas sujas de sangue para lavar e se assustou com a palidez que notou no rosto de João. Ela entrou no sobrado e chamou por Francisca, que cuidava do bebê e de Verinha, no piso superior. A moça desceu rapidamente e perguntou:

— Por que está gritando, mãe? Por pouco não acordou Fabrício com seu grito estridente.

— Corra para levar um copo de água fresca para João, ele está muito pálido! Alguém deve ter contado para ele sobre o acidente que a esposa sofreu.

Francisca levou um copo de água gelada e fez João se sentar na poltrona, na área de lazer.

— Beba, lhe fará bem! Não deveria ter se apressado tanto para chegar aqui.

— Eu falei para o vovô ficar calmo e não correr — disse Olavinho mostrando o peixe ainda preso na vara de pescar. — Francisca, você pode tirar uma foto? Quero mostrar para mamãe que sou um ótimo pescador.

— Deixe o peixe sobre a pia, próximo à churrasqueira. Depois tiro todas as fotos que vocês desejarem. Podem brincar próximos da casa, seu avô precisa descansar um pouco na rede.

— Não, filha! Quero seguir para o hospital, preciso estar com minha Neiva.

— Não se preocupe. Ela está com dona Eunice. Orlando, o mestre de obras, levou todos para o hospital. O senhor está em condições de dirigir o carro da patroa?

— Não sei dirigir. Você pode chamar um táxi?

— A fazenda fica distante da cidade, essa corrida ficaria muito cara. Temos de esperar que Orlando retorne.

— Pobre Neiva! Precisa do seu velho companheiro, e eu estou aqui sem poder ajudá-la.

— Não fique angustiado dessa forma. Pedirei para um amigo levá-lo, como um favor pessoal.

Francisca pediu para Nivaldo chamar Caio, o filho de um dos colonos da fazenda, ele era o único que tinha uma moto e poderia fazer o favor de levar João até Atibaia. Nivaldo e Olavinho seguiram o mais rápido que puderam para o curral, onde se fazia a ordenha do rebanho. Encontraram Caio lavando a parte mais alta do lugar, onde faziam a ordenha mecânica.

Caio rapidamente atendeu ao pedido de Francisca. Foi até sua casa, pegou a moto e parou na frente do sobrado.

João estava com medo de andar na moto, mas por sua amada Neiva não mediria esforços. O senhor colocou o capacete que Caio lhe oferecia. Francisca e os meninos ajudavam João a subir na garupa da moto, pois ele estava trêmulo.

***

Vinte minutos depois, Caio estacionou a moto na frente do hospital. João desceu e tirou o capacete. O rapaz estranhou a palidez e o tremor do senhor. Solícito, ele perguntou:

— O senhor está bem?

— Estou um pouco tonto. Foi a primeira vez que andei em uma moto, não foi uma experiência agradável.

— Sinto não ter um carro para trazer o senhor. Tem certeza de que sua esposa está neste hospital? Ela tem convênio para ser atendida aqui?

— Tem. Meu filho é generoso conosco, paga nosso convênio médico. Você pode voltar para casa, eu encontrarei minha esposa e minha nora.

— Nada disso, entrarei com o senhor. Preciso levar notícias dos doentes para Francisca, ou ela ficará muito brava comigo.

Caio se aproximou do balcão de informações e pegou os números dos quartos onde estavam internados Henrique e Neiva. Deixou João com Neiva no quarto e subiu para o terceiro andar, para falar com Eunice e ter notícias do patrão.

Capítulo 21

Eunice não conhecia Caio. A jovem senhora ainda não havia sido apresentada a todos os funcionários. Olhou para o rapaz parado na porta do quarto e teve a sensação de que o conhecia de algum lugar, mas não se recordava de onde. Ela havia esquecido de que Caio ajudou a socorrer Henrique na frente do sobrado.

— Deseja alguma coisa? — Eunice perguntou ao rapaz.

— Sou Caio, amigo de Francisca, da fazenda Vereda. Ela me pediu para levar notícias do patrão. Como ele está, dona Eunice?

— Diga a Francisca que Henrique está fazendo exames e seu quadro clínico continua o mesmo. Ele não acordou, novamente caiu em profunda apatia, não responde aos estímulos dos médicos.

— Sinto muito, senhora. Transmitirei o recado para Francisca. Também gostaria de avisá-la que trouxe o senhor João para o hospital, ele está no quarto da esposa.

— Meu Deus! Não bastasse a doença de meu marido, agora tenho de cuidar de seus pais também! Sabe como Neiva está?

— Conversei com a enfermeira, que estava no quarto, ela informou que dona Neiva está bem, não sente dor, pois está medicada, e que a cirurgia teria início assim que os papéis forem assinados por alguém responsável por ela. O senhor João se prontificou a assinar a papelada.

— Melhor assim, tenho problemas demais para decidir sobre a vida de minha sogra. Peça a Francisca para cuidar das crianças. Não sei se poderei voltar para casa esta noite.

— Darei o recado, senhora. Melhoras para seu marido e sua sogra. Se precisar, basta me chamar, basta ligar para a fazenda.

— Eu lhe agradeço, Caio.

O rapaz se despediu de Eunice e seguiu para a fazenda.

***

As horas passavam lentas. Henrique não era transferido para o quarto, e Eunice não se conformava. A esposa pedia a todo o momento informações sobre o marido. A resposta era sempre a mesma, ele estava realizando exames.

Eunice decidiu dar notícias ao sogro sobre o estado de Henrique. Bateu de leve na porta do quarto, e João, com os olhos vermelhos e inchados, abriu a porta.

— Como está, meu sogro?

— Muito nervoso! Neiva foi levada para a sala de cirurgia. O procedimento estava marcado para amanhã, mas resolveram levá-la agora!

— Fique calmo! Ficará tudo bem com ela. Pelo que me informei, se trata de uma cirurgia simples, sem grandes riscos.

— Tenho medo de ficar sem minha velha! Estamos juntos há tanto tempo, não sei viver sem ela ao meu lado.

— Compreendo. Mas não é o senhor que afirma que o pensamento positivo é o melhor remédio? Ela ficará bem e logo estará de volta a este quarto.

— Tem razão, estou muito ansioso. Preciso ficar firme e mandar para ela energias positivas, e para Henrique também.

— Podemos orar juntos se o senhor desejar. Sei que tem crença diferente da minha, mas nada nos impede de oramos juntos, não é verdade?

— Certamente. Sou espírita, e você é católica. Temos o mesmo Deus, Eunice, e é isso que importa.

Os dois ficaram de mãos dadas. Eunice repetia as orações que aprendeu desde criança e colocava em cada frase a súplica para ser atendida em seu pedido de cura para os doentes. João ficava calado, mentalizando bolas de luzes sobre os doentes, que estavam sorrindo e com a saúde restabelecida. O que realmente importava era que a energia positiva alcançara seu objetivo, permeando o campo magnético dos enfermos.

Quase duas horas depois, quando a enfermeira que conduzia a maca trazendo Neiva entrou no quarto, Eunice e João ainda estavam orando. Foi desconcertante o olhar de Neiva para Eunice, que registrou a energia que a atingiu como agulhas perfurando sua pele. A mulher passou a mão nos braços e no abdome, disfarçou a dor que sentiu e usou uma desculpa para sair do quarto rapidamente.

João não percebeu o desconforto da nora, mas reconheceu o olhar duro de Neiva sobre ela. Sua experiência como estudante da doutrina espírita reconhecia o malefício do sentimento negativo que unia as duas. Ele relacionava a implicância que a esposa sentia por Eunice com as visões de Olavinho sobre a vida passada das duas. Tentava ser imparcial para não colher peso energético desnecessário para si. Aquela era uma questão que somente elas poderiam resolver.

João ficou ao lado de Neiva segurando a mão dela até que ela pegasse no sono. Ele estava cansado pela forte emoção sofrida naquela manhã, sentou-se na confortável poltrona reclinável e acabou pegando no sono também.

***

Eunice estava angustiada. O dia passou, já era tarde da noite, e ela não tinha notícias de Henrique, que não retornou para o quarto. Ela caminhava de um lado para outro no longo corredor quando se deparou, no rol do elevador, com Humberto e Heloísa.

Eunice adorou ver o cunhado e a esposa dele. Abraçou os dois e os levou para o quarto que o marido ocuparia. Acomodou Heloísa na poltrona, ela estava com sete meses de gestação. Eunice comentou:

— Não deveria estar aqui. Esse ambiente de hospital pode não fazer bem para seu estado.

— Estou bem, precisava acompanhar Humberto. Ele ficou muito nervoso quando recebeu o telefonema de uma de suas empregadas da fazenda.

— Me desculpem! Não tive cabeça para ligar para ninguém! Estou muito angustiada, não tenho notícias de Henrique desde quando chegamos aqui, pela manhã.

— Sabe como está minha mãe?

— Dona Neiva está bem, passou por uma cirurgia bem-sucedida segundo o cirurgião que a atendeu.

— Graças a Deus! Quanta desgraça caiu sobre nossa família! Não bastasse meu irmão doente, mamãe sofre um acidente quebrando o tornozelo. Parece que Deus resolveu cobrar algo de nós!

— Não fale bobagens, Humberto. Deus não cobra nada de ninguém. Procure por notícias de seu irmão, assim estará fazendo algo útil em vez de falar bobagens.

— Faça isso, meu cunhado, quem sabe terá mais sorte que eu.

Humberto saiu do quarto, e Heloísa ficou penalizada com o estado de Eunice. Nos poucos encontros que tiveram, a cunhada estava sempre muito elegante e mantinha uma postura ilibada. Olhando para ela, se notavam grandes olheiras, cabelos desalinhados e a boca sem batom.

Heloísa sentiu certa afinidade por Eunice, tomou sua mão e começou a dizer-lhe frases doces, que desarmaram o resto de soberania que existia no olhar de Eunice. Ela relaxou e permitiu que as lágrimas rolassem livremente. Estava tão cansada de toda aquela situação. Não gostava de demonstrar fraqueza na presença das pessoas, mas um abraço reconfortante e carinhoso era tudo de que precisava naquele instante de angústia.

Abraçada a Heloísa, Eunice se sentiu protegida e mais calma. Estranhamente, era como se abraçasse a figura da mãe que estava gravada em seu subconsciente. O que as duas não sabiam era que a criança que estava no ventre de Heloísa fora, no pretérito, mãe de Eunice e irmã de Heloísa.

O espírito de Juvenal, que saboreava esse abraço com alegria, desejou unir-se na mesma intensidade ao carinho que as três emanavam umas pelas outras. O laço de amor que as unia soltava filamentos coloridos, que formavam desenhos como em um caleidoscópio em volta do campo energético delas. Algo muito bonito de se ver, que permitiu a Juvenal elevar um pouco a vibração e, assim, pôde ver com nitidez a terceira pessoa dentro daquele abraço. Havia ao lado de Heloísa uma mocinha que sorriu para Juvenal. Ele imediatamente reconheceu aquele sorriso, teve ímpeto de se aproximar delas, mas foi detido por Camilo, que baixou a vibração para ser visto por Juvenal.

— Não pode se aproximar delas. Sei que reconheceu aquele sorriso, não é verdade?

— Sim, é minha amada Amélia. Reconheceria minha amada em qualquer lugar do universo. Mas por que está tão próxima de Mirtes?

— O nome dela nesta experiência atual é Heloísa. Não percebeu que sua amada Amélia está ligada ao corpo que está sendo gerado no ventre de Heloísa?

— Ela reencarnará? — perguntou Juvenal, eufórico.

— Sim, falta pouco tempo para ela nascer no planeta Terra. Você poderia ter aproveitado sua experiência ao lado dela. Infelizmente, preferiu ficar deste lado, cutucando Henrique para que ele recordasse do passado, que ele não tem ideia que existiu. Ainda é tempo de aprender ao lado de Amélia.

— Seria maravilhoso! Viver ao lado dela novamente. Ah, procurei tanto por minha amada.

— Deixe Henrique e essa família em paz, você não tem o direito de interferir. Esqueça a promessa que ele fez.

— Como esquecer? Não suporto vê-las se odiando. Eu fui o culpado, estimulei o ódio entre as duas irmãs! Não fui um bom pai para minhas filhas! Quero consertar isso, para depois poder seguir minha vida em outra experiência terrena.

— Você se envolveu em um assunto que não lhe diz respeito. A vida é a única que tem o poder de consertar o que não está harmônico entre os reencarnados. As duas fazem parte da mesma família, um dia quebrarão o laço negativo que as une.

Deixe-as e cuide de sua evolução, meu amigo. Sei que não é um espírito sem mérito. Basta soltar Henrique e acreditar na força que rege o universo. Você quer ser maior que Deus?

— Não! Não é verdade, eu desejo apenas consertar onde errei. Poderia ter agido de outra forma com elas, e hoje seriam unidas pelo amor.

— Gostaria de ser melhor do que pôde ser? Julga-se sem benevolência. Seja um pouco mais humilde, meu amigo, e aceite que não agiria de outra forma na circunstância que sua mente vibrava. Você foi o que pôde ser, não o que desejava ser. Para isso, é preciso aprender e evoluir. Somente as experiências reencarnatórias trarão o conhecimento e a sabedoria que deseja ter.

— Reconheço que você está com a razão. É um espírito inteligente e sábio, sua luminosidade mostra o nível que alcançou em sua evolução. Eu sou um tolo cobrador! Mas ele colaborou muito para as duas chegarem a se odiarem dessa forma.

— Henrique tem a responsabilidade que a vida lhe impôs. Se você desse tempo ao tempo e confiasse na vida, permitindo que ela aja, o que deseja aconteceria com naturalidade. Olhe para você. Acredita que nesse estado lastimável conquistará Amélia novamente?

— Não. Sou um velho mendigo rastejando no umbral. Amélia está tão bonita.

— Enquanto você decidiu ruminar seus erros no umbral, Amélia aproveitou todas as oportunidades de estudo na colônia. Deu muitos passos à sua frente. Está linda, remoçada e muito feliz por voltar ao lado de pessoas que têm afinidades. Não gostaria de fazer parte deste grupo familiar?

— Sabe o peso que carrego quando vejo ódio no olhar das minhas filhas? Como posso me aproximar de Amélia e ser feliz como se nada tivesse acontecido no passado? Eu errei, não tinha o direito de impor minha vontade. Virgínia amava Eliseu, eu ignorei esse sentimento forte entre os dois e o obriguei a se casar com a minha filha mais velha. Era dessa forma que a sociedade agia. Valéria, com mais de 27 anos, estava passando da idade de se casar, não arrumaria outro partido. Eu não imaginava que causaria um mal tão grande entre as duas irmãs. Elas se odeiam.

— Essa conversa não nos levará a lugar algum, pois você ainda insiste na teimosia. Sinto por você. Quando desejar se libertar e acreditar na força da vida, pode me chamar que estarei o esperando.

Camilo vibrou mais alto e se tornou invisível aos olhos de Juvenal. Ele retornou para o astral.

Capítulo 22

Humberto voltou para o quarto no terceiro andar depois de fazer uma visita para sua mãe e constatar que ela estava bem, mas ainda sonolenta pela anestesia.

— Estive com o médico responsável pelo caso de Henrique, os exames continuam. Como ele não desperta, o neurologista preferiu deixá-lo na UTI, deseja monitorá-lo.

— Então meu marido não virá para o quarto?

— Esta noite não.

— Eu posso vê-lo?

— Estive com ele, está muito abatido, me pareceu tão frágil. Me senti um inútil por não poder fazer nada para ajudá-lo a sair dessa estranha situação.

— Também vejo com estranheza o que está ocorrendo com meu marido. Ele era um homem saudável, nunca se queixou de dor alguma, estava sempre bem-disposto.

— Os dois não perceberam que realmente existe uma força negativa agindo contra Henrique? Sei que não gosta muito desse assunto, Eunice, mas é o que sinto. Seu marido está sofrendo um ataque espiritual. Estudando alguns casos no centro espírita que frequento, posso afirmar que o ataque epilético tem influência de espíritos obsessores. Sinto que esse é o caso de Henrique.

— Está falando sério, Heloísa? Sente uma presença de espíritos negativos ao lado de meu irmão?

— Sou sensitiva e tenho conhecimento sobre o assunto. Eu não generalizo os casos de pessoas que sofrem com ataques epiléticos, mas em relação ao meu cunhado, é clara a presença de um obsessor.

— Não gosto sequer de imaginar essa hipótese, mas preciso admitir que não é a primeira pessoa que afirma que é um caso espiritual que atormenta Henrique. Meu filho Olavinho afirmou que havia um monstro que atormentava o pai. Não gosto quando ele fala que tem um amigo imaginário que o ensina sobre paranormalidade.

— Seu filho é uma criança especial, tem sensibilidade mediúnica desenvolvida, ele pode ver e ouvir os espíritos. Não se assuste com os dons que seu filho trouxe do outro lado da vida. Nada é ao acaso, minha cunhada. Olavinho, antes de reencarnar no planeta, se comprometeu com os seres superiores a ensinar pessoas como nós. Ele tem um cabedal grande para transmitir certas informações. Não menospreze o conhecimento que seu filho tem.

— Ele é só um menino!

— Concordo. Um menino que precisa de estímulo e não de reprimendas por ser diferente das outras crianças. Você tem uma joia de extremo valor em casa, Eunice.

— Da forma como fala, parece que Olavinho é único e muito especial! Está assustando Eunice, meu amor.

— Desculpe, não foi minha intenção, quero apenas preveni-la sobre a necessidade de ouvir e acreditar um pouco mais em seu filho. Manter a mente mais aberta para não prejudicar o desenvolvimento de Olavinho. Às vezes, Eunice, você imagina que seu filho tem problemas mentais, e isso realmente não condiz com a verdade de sua sensibilidade.

— Como sabe? Nunca revelei esse meu modo de pensar a ninguém!

— Como havia dito, também tenho mediunidade. Não faça com Olavinho o que fazem a muitos médiuns, que estão presos em sanatórios e são tratados como dementes.

— Jamais faria isso com meu filho, me ensine a lidar com isso. Sinto que posso confiar em você. Não sei por que, mas me transmite algo confiável, Heloísa.

— Nós temos laços de amor que nos unem, Eunice. Não nos conhecemos apenas nesta existência terrena. Tivemos outras experiências juntas.

— Me parece algo insólito quando fala em outras vidas que tivemos.

— Você precisa abrir um pouco mais a mente, estudar como funciona a engrenagem que nos traz ao planeta Terra. Quero muito ensiná-la sobre esse assunto.

— Você pode ajudar Henrique?

— Juntos podemos tentar esclarecer o espírito obsessor. Olavinho e nosso sogro não podem ficar ausentes dessa tarefa.

— Combinado. Eu quero ver meu marido bem novamente, estou assustada com o que está acontecendo, os médicos não encontram uma explicação para o mal que o atinge.

Os três saíram do quarto, e Humberto as guiou até a UTI. Diante do vidro que separava Eunice e Henrique, as lágrimas rolaram abundantemente pela face da mulher. Ela, entre soluços, falou:

— Ele não estava tão abatido essa manhã, quando chegou aqui. O que fizeram com você, meu amor? Acorde e vamos voltar para nossa casa. Não teve tempo nem de me mostrar nossa fazenda. Não me deixe sozinha, Henrique. Acorde, reaja, amor.

O neurologista se aproximou de Eunice dizendo:

— Desculpe não ter dado notícias de meu paciente. Fiquei ocupado o dia todo acompanhando os exames que realizamos em seu marido. Sinto informar que até o momento não encontramos nada anormal ou fora dos parâmetros de uma saúde plena.

— Está dizendo que ele não tem doença alguma?

— Seria uma boa notícia se não fosse esse atordoamento que não o deixa em seu perfeito equilíbrio. Continuaremos procurando a causa do ataque epilético e por que não desperta. A senhora pode voltar para sua casa. Descanse, temos um grande desafio para desvendar. A senhora tem fé, dona Eunice?

— Tenho, doutor.

— Então se apegue em sua fé. Como médico, presenciei casos de pessoas desenganadas pela medicina que voltaram à vida como se nada tivesse acontecido. Onde a medicina não consegue atuar, Deus pode.

— Obrigada, doutor. Tenho fé que Henrique ficará bem. Temos três filhos para educar.

O médico se afastou depois de passar a mão sobre a cabeça de Eunice, seguiu pelo corredor e desapareceu em uma das portas.

Humberto abraçou a cunhada, que chorava copiosamente. Heloísa fez o mesmo, e ambos guiaram Eunice até o quarto de Neiva, para se despedirem.

Não foi agradável para Eunice ficar diante de Neiva e enfrentar seu olhar duro e recriminador. Mas não evitou, como de costume, o encontro com ela.

Neiva notou em Eunice tanta tristeza que a dor das duas se misturou naquele momento. A sogra tinha certeza de que a nora amava Henrique e disse:

— Não fique nesse estado. Nosso Henrique ficará bem, estou orando por ele.

Eunice não disse nada, apenas tentou abrir um sorriso que se transformou em uma careta desajeitada em seu lindo rosto.

Humberto se despediu do pai sabendo que nada o tiraria de perto da esposa. O rapaz poderia ter trocado de lugar com o pai e ficado com a mãe no hospital, mas João não dormiria um segundo longe de sua amada companheira.

Heloísa acomodou Eunice no banco de trás do carro, e Humberto dirigiu calado até a fazenda. Eunice chorava sua dor, pois sabia que em casa não conseguiria extravasar com lágrimas o sentimento de tristeza que a vitimava. Não queria mostrar que estava triste perto das crianças.

Heloísa ficou admirada com a beleza da entrada da fazenda Vereda. Quando Humberto parou diante do sobrado, ela não se conteve e comentou:

— Esta casa é como as das revistas dos ricos e famosos. É muito bonita!

— Obrigada pelo elogio à nossa casa. Mas de que adianta tanto capricho na construção se lá dentro não está o chefe desta família?

— Não fale assim. Henrique logo ficará bem e voltará para a linda família que vocês formaram.

— Tem razão, não posso ficar nesse estado. Meus filhos precisam da mãe equilibrada. Entrem pela porta da frente. Eu preciso lavar meu rosto antes que eles me vejam assim. Entrarei pela cozinha.

Francisca abriu a porta da frente com Fabrício nos braços, atrás dela estava Verinha, que puxava a saia da moça para saber quem eram aquelas visitas.

Francisca reconheceu Humberto e fez o casal entrar na casa dizendo:

— O senhor é irmão do patrão. E esta, é sua esposa? Sejam bem-vindos.

— Obrigada — agradeceu Heloísa. — Que lindo este bebê! Se parece muito com Henrique. E esta menininha atrás de você? Tem o rostinho parecido com o de Eunice.

— Eu sou Verinha, e você, quem é?

— Sua tia Heloísa. Não se recorda que esteve na casa de seus avôs o ano passado? Eu estava lá e te peguei no colo.

— Não me lembro. Você tem a barriga grande.

— É que estou esperando um bebê.

— Como ele foi parar aí dentro? Você também engoliu o bebê?

Todos riram, e Heloísa não sabia o que responder para Verinha. Eunice veio da cozinha em seu socorro.

— Depois explicarei como os bebês entram na barriga de suas mães. Agora quero um abraço bem apertado da minha princesinha.

Verinha correu para os braços da mãe e encheu seu rosto de beijos.

Capítulo 23

Dois dias se passaram, e Neiva teve alta do hospital.

Humberto foi buscá-la, ele havia deixado o quiosque, na praia de Santos, para um amigo tomar conta. Sabia que sua presença era necessária na fazenda.

Humberto estava ciente de que Henrique, depois da mudança, não teve tempo de se inteirar sobre as despesas da fazenda. O rapaz sabia que ajudaria muito seu irmão se cuidasse desse assunto. Alguém tinha que assumir a administração da fazenda, Eunice não estava em condições de cuidar disso, e os trabalhadores precisavam ter seus salários pagos. Ele precisava saber o quanto a fazenda lucrava com a venda do leite.

Humberto foi apresentado a Caio, e o rapaz lhe mostrou o movimento do caixa. Tudo continuava como o antigo patrão havia coordenado.

— Me parece que temos um desperdício de leite todos os dias. A fazenda produz mais leite do que vende e consome internamente. O que fazem com o leite que não é vendido e consumido pelos moradores? — perguntou Humberto depois de revisar o livro-caixa.

— Vendemos dez mil litros por dia para uma fábrica de laticínios. O caminhão chega toda manhã e leva o leite, mas eles não compram toda a produção. Distribuímos cinco litros para cada família que trabalha na fazenda. Sobra uma grande quantidade de leite e tínhamos ordens, do antigo patrão, de levar esse leite para os parentes dele na cidade, eles fabricam queijos.

— E o que ganhamos com isso? Continuam entregando o leite para eles?

— Não sabíamos o que fazer com a sobra de leite. Como disse, alguns litros são distribuídos entre as famílias que vivem aqui, incluindo os proprietários. São muitos litros de leite por dia para deixarmos que estraguem. Então, continuamos entregando o leite para os parentes do antigo dono.

— Parem com isso imediatamente. Se a família do antigo fazendeiro desejar continuar recebendo o leite, terão que pagar o preço justo. Não temos uma casa de caridade aqui! Todos os funcionários da fazenda Vereda querem receber o salário do mês trabalhado?

— Sim, senhor, é nosso direito como trabalhador.

— Continuarão recebendo. Esta fazenda de leite vende leite. E os derivados do leite são vendidos?

— Não, senhor. Vendemos somente leite de boa qualidade, tipo A. Seu irmão tem um rebanho de duzentas e trinta e cinco vacas holandesas leiteiras.

— Está na hora de ampliar esse ramo de vendas. Caio, você ou alguém de sua família sabe produzir queijos?

— Creio que algumas moradoras da fazenda sabem fazer queijo fresco, manteiga e requeijão.

— Traga essas mulheres aqui, quero conversar com elas. Marque uma reunião às 15 horas, onde ficava a escolinha.

Caio saiu apressado, sentiu que a fazenda teria um progresso para todos, pois alguém havia se interessado pelo negócio. Convidou todas as mulheres da fazenda, inclusive Francisca.

Humberto, no horário do almoço, comentou com Eunice sobre o que estava ocorrendo com o leite produzido ali e compartilhou suas ideias com ela. Eunice ouviu com atenção e fez questão de estar presente na reunião. Depois seguiria para o hospital, visitaria o marido e, mais tarde, seguiria para São Paulo para assinar mais alguns documentos no escritório de engenharia de Henrique.

— Obrigada, meu cunhado, por olhar nossos negócios. Não sabia que essa fazenda era produtora de leite. Compramos por ser um lugar agradável e ter ar puro, excelente para melhorar a alergia de Fabrício. O pediatra dele indicou esta cidade para restabelecer a saúde de meu bebê. Se continuássemos vivendo no ar poluído de São Paulo, meu pequeno não resistiria por muito tempo.

— Henrique não se inteirou de como poderia ser lucrativa a fazenda?

— Não era nosso objetivo. Assim que entrou na fazenda, fechou negócio. Estávamos vivendo em um hotel na cidade de Atibaia. Depois do negócio fechado, ele mandou construir o sobrado rapidamente. Não suportávamos mais ficar presos com as crianças em um hotel.

— Então pode mudar de profissão, vocês são produtores de leite tipo A. E, se aceitarem gastar um pouco, terão uma fábrica de laticínios no quintal.

— Temos espaço para isso?

— Realmente não sabe o tamanho desta fazenda, não é?

— Não sei mesmo, não tive tempo para percorrê-la. Desde que chegamos aqui, Henrique ficou doente. Você pode organizar tudo isso para nós. Se der certo esse laticínio, podemos ser sócios.

— Calma, minha cunhada! Estamos somente começando. Quando meu irmão voltar à sua saúde perfeita, terá muito trabalho pela frente.

***

Eunice e Humberto entraram na sala de aula da antiga escolinha da fazenda. Todas as mulheres estavam ocupando as cadeiras e conversavam animadamente com as vozes alteradas, como era o costume delas. Quando eles entraram na sala, o silêncio se fez.

Após as apresentações, Humberto começou propondo trabalho para todas, falou do leite que era doado a uma fábrica de laticínios e que poderia ficar na fazenda, para que elas fabricassem queijos e seus derivados. A mente de Humberto fervilhava de boas ideias.

As mulheres ficaram interessadas na proposta do rapaz e disponibilizaram seu tempo livre para fabricarem queijos e manteiga artesanalmente. Eunice propôs reformar a escolinha para ser a cozinha da pequena fábrica de queijos. Francisca olhou para as mulheres sabendo que elas não desejavam acabar com a escola. A moça levantou a mão e falou:

— Dona Eunice, as mães da fazenda desejam que seus filhos voltem a estudar nesta escolinha. Seria mais seguro para as crianças menores se não precisassem deixar a fazenda. O caminho de terra até a escola se torna intransitável quando chove. Até o ônibus escolar fica preso na lama, é perigoso para as crianças menores.

— E o que vocês propõem? Quero fazer melhorias para quem mora e trabalha na fazenda Vereda.

Cada uma das mulheres apresentou ideias de benfeitorias para a fazenda, e todos estavam de acordo com a reabertura da escola, para a alfabetização dos pequenos. Os mais velhos seguiriam para a cidade no ônibus escolar.

Eunice deixou para o cunhado estudar as propostas de melhorias. Ele seria auxiliado por Heloísa e Francisca. A reunião terminou com a decisão de reabrirem a escolinha e empregar as moradoras da fazenda na nova e pequena fábrica de laticínio.

Humberto tinha experiência nesse assunto. Trabalhou em um laticínio quando mais jovem, antes de ingressar na faculdade de administração.

Não ficou muito tempo trabalhando no laticínio, mas aprendeu o bastante sobre como se prepara queijos, dos mais simples até os mais refinados e valorizados pelos degustadores de queijos. Também aprendeu a produzir manteigas entre outros derivados do leite. Humberto, na época, assumiu o quiosque. Seu pai havia ficado doente e precisou que o filho tomasse conta do lucrativo negócio da família. Assim, Humberto estudava à noite e, durante o dia, atendia os clientes do quiosque, onde eram servidos lanches, refeições e guloseimas.

Para que Humberto estivesse presente na fazenda em pleno verão, foi preciso entrar em sociedade com o funcionário mais antigo de seu pai, que era de confiança da família e assumiu o comando do quiosque.

***

Eunice entrou no hospital e encontrou um amigo de Henrique visitando-o na UTI. Ela se apresentou como esposa do paciente.

— Muito prazer, senhora Eunice. Estudei com Henrique na faculdade. Somos grandes amigos. Soube que ele estava doente quando passei no escritório dele para conversarmos como fazíamos todas as semanas. Como é triste vê-lo nessa situação, tomei a liberdade de visitá-lo, pois não acreditei no que Lavínia, a secretária, me informou.

— Realmente não dá para acreditar. Meu marido é um homem forte e, de repente, teve um ataque epilético e não voltou ao normal.

— Estou realmente muito triste com a doença de meu amigo. Se puder fazer alguma coisa para ajudar, me diga.

— Está ajudando com essa visita. Fico feliz por ele ter um amigo que se importa com sua saúde.

— E como estão as crianças? Henrique fala muito dos filhos Olavinho, Verinha e Fabrício.

— É um pai muito carinhoso. Eles estão bem. Olavinho sente muita a falta do pai. Verinha ainda é tão criança, que não compreendeu o que está acontecendo. Fabrício é nosso caçula, está saudável depois que mudamos para esta cidade. O ar daqui é agradável e fez muito bem para nosso bebê, a asma não voltou a incomodá-lo.

— Que bom que todos estão bem. Perguntei para uma enfermeira sobre a doença de Henrique, mas ela não soube me dizer.

— Também desejava ter essa resposta, os médicos não sabem o que meu marido tem. Realizaram muitos exames e os resultados são normais.

— Que coisa estranha! Desculpe perguntar, mais a senhora já procurou outro tipo de cura?

— Não! A que tipo de cura se refere?

— Medicina alternativa! Quem sabe se chamar um terapeuta holístico, um sensitivo.

— Até o senhor!

— Não quero deixá-la assustada, mas quando a medicina convencional não consegue encontrar a cura, é melhor procurar outra alternativa. Me causa estranheza vê-lo nesse estado. Se os médicos dizem que está tudo bem com ele, então não há motivo para estar em coma.

— Conhece alguém que possa vir até o hospital para ajudá-lo?

— Não, mas posso me informar.

— Faça isso. Depois, entre em contato com Lavínia no escritório. senhor....

— Desculpe, não me apresentei, sou Camilo, amigo de Henrique. Tenha um ótimo dia, Eunice.

— Obrigada. Você também, Camilo, faça uma boa viagem de volta para São Paulo.

Eunice acompanhou a saída de Camilo com o olhar, ficou admirada quando ele desapareceu, sem abrir ou tocar na porta. A mulher ficou assustada e foi averiguar se a porta já estava aberta, não estava. Perguntou para a atendente que estava no balcão de enfermagem, em frente à porta.

— Você notou um jovem alto, de cabelos escuros e olhos claros sair por aqui há poucos segundos?

A resposta foi negativa. A atendente afirmou que não passou ninguém por ali. E continuou:

— A senhora descreveu um rapaz muito bonito. Garanto que se ele tivesse passado por aqui, eu teria notado tal beleza. Não saiu ninguém por essa porta, a não ser a senhora. Eu estava aqui quando chegou, nos cumprimentamos há uns dez minutos.

— Você não saiu desse balcão desde o momento que eu passei por essa porta?

— Estou de plantão aqui, garanto à senhora que não passou ninguém. Por que está tão aflita? Está pálida! O que aconteceu? Tinha alguém com a senhora?

— Está tudo bem, era um amigo de meu marido que estava aqui para visitá-lo.

— Estranho, não vi esse homem entrar ou sair, estou aqui há cerca de noventa minutos. Tem certeza de que estava com alguém deste mundo?

— O que está insinuando?

— Nada, senhora, esqueça o que disse. É que neste hospital, às vezes, acontecem coisas sem explicações.

— Sem explicações em que sentido?

— Muitos pacientes relataram visitas médicas que não são deste mundo. A senhora não foi a única a afirmar que havia uma visita que desapareceu antes de ultrapassar essa porta. Se quer saber minha opinião, esse homem que estava aí conversando com a senhora era um ser espiritual.

Eunice ficou pálida. Não esperava por aquela resposta. Imaginou que a moça estava distraída e não viu Camilo. Respirou fundo e foi conversar com o médico do marido, depois pegou o carro e seguiu para São Paulo.

Quando Eunice chegou ao escritório, faltava meia hora para terminar o expediente de trabalho. Ela assinou os papéis que Lavínia lhe pediu e, quando examinava o último documento, perguntou:

— Esteve aqui um amigo de meu marido chamado Camilo?

— Camilo?

— Sim, um jovem alto, bonito! Disse que vem toda semana para conversar com Henrique, era um amigo da faculdade.

— Vem toda semana? Dona Eunice, trabalho neste escritório desde que seu marido o abriu, ele não recebe visitas de amigos da faculdade. O único que aparece aqui, raramente, é Humberto, o irmão dele.

— Não pode ser! Você deve estar esquecida, ele me disse que foi você quem contou que Henrique estava doente e deu o endereço do hospital em Atibaia!

— Desculpe, dona Eunice, não dei o endereço do hospital para ninguém, pois eu não tenho esse endereço. Tem certeza de que esse homem citou meu nome?

— Sim, tenho certeza.

Camilo estava ouvindo a conversa e induziu Lavínia a comentar:

150

— Que estranho! Até parece coisa do outro mundo! Juro que não falei com esse Camilo! Ele é um ser deste mundo?

— Não vamos fantasiar. Você também questiona sobre esse assunto? Talvez eu tenha me confundido com os nomes — mentiu Eunice para acalmar Lavínia.

Assim que terminou de assinar os documentos, Eunice se despediu e voltou para Atibaia. Eram vinte horas quando guardou o carro na garagem do sobrado.

Capítulo 24

Quando chegou em casa, Eunice estranhou as luzes da sala principal estarem apagadas. Ela entrou na sala e, de repente, uma imagem clara apareceu na tela da grande TV. A mulher se assustou, a imagem era de Olavinho e Nivaldo com varas de pescar nas mãos, com os peixes pendurados pelos anzóis. Atrás deles, do outro lado do rio, sobre uma pedra grande, notava-se a figura de um jovem com o rosto em evidência. O corpo estava oculto pela neblina. Eunice reconheceu o rapaz imediatamente e perguntou apontando para a imagem atrás de seu filho:

— Quem é esse homem ao fundo, nas pedras?

Os adultos estavam sentados no sofá, e as crianças estavam sentadas sobre o tapete macio no meio da sala. Olavinho respondeu sem demora:

— Sabe quem ele é, mamãe? A senhora recebeu a visita dele no hospital hoje, é meu amigo Camilo.

— Como sabe o nome do amigo de seu pai? Quem te contou sobre esse encontro no hospital?

— Camilo me disse que faria uma visita para o meu pai. Contou sobre seu encontro com ele.

Eunice se aproximou o máximo que pôde da imagem. Não havia dúvida, era o mesmo jovem com um sorriso suave e belo. Eunice precisou se sentar, pois suas pernas bambearam.

Nivaldo trouxe uma cadeira da sala de jantar e ela se sentou trêmula. Verônica acendeu a luz, e Humberto trouxe um copo com água gelada e entregou para a cunhada dizendo:

— Acalme-se, está assustando as crianças. Verinha está chorando no colo de Heloísa. Vamos para a varanda, e lá você me conta o que está acontecendo.

Eunice se levantou com a ajuda do cunhado e seguiu para a varanda. Ela se sentou em uma confortável poltrona. João e Olavinho acompanharam os dois. Humberto perguntou:

— Parece que você viu um fantasma. O que havia de errado com aquele moço sobre a pedra do outro lado do rio? Não era um funcionário da fazenda?

— Não, meu filho. Eunice teve uma prova da existência dos espíritos. O mentor de Olavinho se materializou e fez uma visita para seu irmão e para ela no hospital.

— Foi isso! É incrível! — Humberto estava admirado com o fenômeno ocorrido e continuou dizendo:

— A foto que papai tirou com a máquina fotográfica mostrava a imagem de Camilo. O senhor havia notado a imagem do rapaz ao fundo?

— Não, depois que ajudei Olavinho a tirar o peixe do rio, ele pediu que eu tirasse uma foto, peguei a máquina fotográfica e fiz como você me ensinou, porém, não notei que havia alguém ali. Na verdade, não havia ninguém conosco no rio, somente Nivaldo nos fazia companhia. Não tenho como explicar a aparição de Camilo.

Eunice continuava trêmula. Ela abraçou o filho e pediu desculpas por não acreditar nele quando falava que estava conversando com seu amigo Camilo. Ela contou com detalhes tudo o que aconteceu aquele dia, não esqueceu o conselho de Camilo para procurarem um terapeuta holístico, medicina alternativa.

— Vocês podem ajudar Henrique, tenho que admitir! Meu filho tem um dom especial! Eu fiz de tudo para que ele não parecesse estranho para as outras pessoas. Como fui preconceituosa com você, Olavinho. Fui criada em uma religião que não admite a comunicação com os espíritos, não queria que você sofresse com o preconceito das pessoas que nos cercam. Perdoe-me, filho. Estava tão errada, porém, seu dom me assustava.

— Queria que eu fosse normal como todas as outras crianças, mamãe?

— Sim, mas você é especial! E eu fui uma tola, que complicou ainda mais a situação negando o que é fato em sua vida, perdoe-me, querido.

— Está tudo bem, mamãe. Vovô, conte a ela o que está acontecendo com papai.

João puxou a poltrona, sentou-se ao lado da nora e começou a falar sobre a investigação da vida passada do grupo familiar. Eunice ouvia com atenção, João terminou enfatizando o fato de Henrique estar preso por um espírito, que cobrava uma promessa que o filho fez antes de reencarnar.

— Meu Deus! Isso é tão maluco! Não compreendo nada sobre esse assunto, mas quero ajudar meu marido. Preciso dele ao meu lado. Temos três crianças para educar e a vida inteira para viver.

— Pai, o que sugere? O que podemos fazer para libertar Henrique? — perguntou Humberto.

— O melhor orientador é Olavinho. — João segurou as mãozinhas do neto entre as suas e perguntou:

— O que podemos fazer, meu neto?

— Camilo está aqui, pede desculpas pelo susto que te deu, mamãe. Ele disse que podemos fazer uma reunião espiritual e deixar o espírito, que cobra sobre o passado, falar o que o perturba tanto nessa promessa. Pede que todos os membros da família estejam presentes nessa reunião. Isso inclui o papai.

— Não podemos tirá-lo da UTI!

— Camilo disse que providenciará a saída de papai do hospital.

O telefone tocou. Eunice passou a mão sobre os cabelos e lembrou:

— Deve ser sua avó Berenice! Acabei me esquecendo de avisar aos meus pais que não faria a festa de aniversário de Olavinho. Amanhã é sábado, e todos os meus familiares virão para a festa. O que vou fazer agora? Não posso recebê-los com Henrique hospitalizado. Não tenho ânimo para festejar.

Em segundos, Francisca chamou Eunice dizendo que a mãe dela estava ao telefone. A patroa atendeu e sua voz estava falhando.

Berenice percebeu que a filha não estava bem, pediu que ela contasse o que estava acontecendo em detalhes, mas Eunice não contou nada sobre a mediunidade do filho ou sobre a prova que Camilo havia dado a ela. Berenice falou de uma forma convicta, como lhe era peculiar:

— Estaremos na fazenda amanhã cedo, e não adianta contestar, Eunice. Sei que precisa de nossa ajuda.

— Não tenho onde hospedá-los, mamãe. A casa, que era sede da fazenda, está em reforma.

— Não se preocupe com hospedagem, daremos um jeito. Alex comprou um *trailer* muito confortável, ficaremos acomodados nele. Até parece que não deseja nossa presença em sua casa!

— Não é isso, mamãe, é que estou muito ocupada e não terei tempo para dar atenção a vocês.

— Até amanhã, Eunice, não diga mais nada, sei quando uma filha precisa de minha ajuda. Boa noite.

Eunice desligou o telefone com o semblante preocupado. Chamou Francisca e Verônica na cozinha, estava faminta e precisava dar ordens para elas quanto aos novos hóspedes.

— Sabem se o mestre de obras terminou a reforma da casa?

Francisca respondeu animada:

— Orlando deixou a chave no final da tarde, disse que falta apenas a limpeza e pequenos detalhes do lado de fora da casa.

— Que bom, Verônica, peça as mulheres realizarem uma boa limpeza na casa amanhã cedo. Diga que pagarei bem por um bom serviço.

— Pode deixar, patroa, a casa ficará um brinco. A senhora deseja jantar? Esquento seu prato no forno.

— Não precisa, eu mesma esquento no micro-ondas.

— Não sei mexer nesses aparelhos eletrônicos.

— É fácil e muito prático. Quer aprender?

— Quero, mas acho que não consigo, tem tanto número neste painel.

— Não é difícil. Você aprendeu a ligar a lavadora de roupas.

155

— Tudo se modernizou, não é, patroa? Até fantasma sai na foto! Valha-me Deus!

Francisca e Eunice caíram na gargalhada, Heloísa, que entrava na cozinha naquele instante, ouviu o comentário de Verônica e também riu gostosamente, quebrando um pouco a vibração mais pesada que estava na casa.

Quando se acalmaram, Olavinho entrou na cozinha sentindo a vibração agradável que ficou no ambiente depois de expressarem alegria na espontaneidade de um sorriso. Ele comentou com Nivaldo, que estava atrás dele.

— Elas deixaram a cozinha muito colorida com a alegria. Está vendo?

— Não vejo nada, eu sinto apenas. É agradável, me deu fome. Mãe, ainda tem bolo de chocolate?

— Tem, senta aqui, que vou pegar o bolo na geladeira. Ficou muito gostoso.

— Ficará melhor se você colocar um pote de sorvete na mesa junto com o bolo. Será uma ótima sobremesa. Estou precisando depois de um dia agitado como o que tive hoje. Filho, seu amigo Camilo é muito bonito! Meninas, não sabem a beleza do homem que vive do outro lado!

— São bonitos os espíritos mais evoluídos? — perguntou Heloísa para Olavinho.

Humberto entrava na cozinha e disse brincando:

— Bonito sou eu, mulher! Os espíritos são transparentes, não dá para abraçar ou tocar, eu sou visível e tocável.

Todos riram da brincadeira de Humberto. João trouxe Verinha no colo, e todos se reuniram em volta da mesa. Eunice jantou enquanto todos saboreavam a sobremesa. Olavinho respondeu para tia Heloísa:

— Tia, os espíritos que deixaram o ciclo das encarnações são belos, passam para uma dimensão mais sutil e a luz que conquistaram por mérito reluz com mais intensidade, trazendo beleza e felicidade a eles.

— Gostaria de poder ver os espíritos como você os vê, Olavinho. Tenho certeza de que está vendo seres muito bonitos.

— Vejo esses espíritos de bela aparência, mas tem o outro lado, que não é nada agradável de ver, tia. Tenho medo deles, papai espantava todos do meu quarto à noite.

— Seu pai logo voltará para casa, querido, tenha fé. E se precisar de ajuda, pode me chamar, também sei espantar esses irmãos espirituais que o assustam.

Eunice olhou para Heloísa com o olhar de gratidão, sentiu a dificuldade do filho em lidar com a sensibilidade mediúnica. Ela sabia que precisava aprender sobre o assunto para orientar melhor o menino.

Heloísa, depois que terminou de comer um pedaço de bolo, levou uma grossa fatia de bolo com sorvete para a sogra, que estava reclinada no sofá com os pés para cima assistindo à TV.

Ela saboreou a sobremesa e depois foi auxiliada por Eunice e Humberto para subir a escada até o segundo andar, onde ficava o quarto de hóspedes.

Capítulo 25

Com a proximidade do corpo de Neiva ao de Eunice, as duas sentiram um desagradável e constrangedor mal-estar. Elas não se sentiam bem estando tão próximas. Era como se a energia se negativasse instantaneamente, deixando a vibração entre elas densa, como se alguém colocasse fogo em um estopim de uma bomba pronta para explodir. Era difícil para elas ignorarem aquele mal-estar.

Eunice deixou Neiva no quarto de hóspede dizendo:

— Amanhã, vamos até Atibaia comprar a bota ortopédica que o médico receitou. Tenho certeza de que sentirá mais firmeza para andar. O gesso pesa, não é verdade?

— É sim, eu sinto dor. O médico disse que poderia retirá-lo assim que comprasse a bota ortopédica. Agradeço por esse favor, Eunice, não queria dar esse trabalho para você, queria ficar próxima do meu filho para ajudá-lo e acabei me tornando um peso maior para todos vocês.

— Não se preocupe com isso, dona Neiva, acidentes acontecem. O pior virá amanhã. Não estou com paciência para suportar minha mãe me dando ordens. Não suporto receber ordens de ninguém.

— Imaginei que você fosse muito apegada à sua família.

— Amo todos eles, mas não gosto das críticas negativas de minha mãe, ela acha que ainda precisa me educar. Quer que tudo seja feito como ela gosta. Não suporto isso!

— Sei como é, também tive uma mãe autoritária. Devo me desculpar com você, sou muito crítica.

— Penso que as duas precisam se desarmar da autodefesa, crítica não une uma família — comentou Humberto.

As duas olharam para Humberto, que sentiu que sua frase não as agradou.

— Desculpe, falei demais. É que vocês estão sempre em pé de guerra, não é um clima agradável para nossa família. As crianças sentem a tensão entre as duas. Vocês podem me dizer o que aconteceu no passado que deixou as duas nesse estado de defesa?

— Humberto, deixe-nos por um instante, por favor, quero conversar com Eunice em particular, meu filho.

— Espero não ter mexido em um vespeiro. Se precisar, basta chamar, estarei no quarto de Olavinho, aqui ao lado.

Olavinho estava na cozinha e sentiu que algo importante aconteceria entre a mãe e a avó. O menino comeu o último pedaço de bolo de seu prato e disse olhando para o avô:

— Elas estão dando o primeiro passo para se entenderem. Melhor todos nós vibramos energias positivas para elas.

— O que está acontecendo, Olavinho? — perguntou Verônica.

Francisca respondeu antes que o menino falasse:

— Não está acontecendo nada que seja de nossa conta, mãe. Está na hora de colocar o Fabrício no berço. Termine de arrumar a cozinha.

— Não fique nervosa, Francisca. Sua mãe também participou do ciclo familiar do passado. Todos nós nesta fazenda temos um vínculo que vem de vidas passadas. Vamos nos unir na oração que todos conhecem e mandar para mamãe e vovó energias positivas — disse Olavinho.

Todos se deram as mãos e começaram a orar o pai-nosso. No final, João pediu para imaginarem bolas de luz caindo sobre as duas.

Enquanto isso, no quarto de hóspedes, Eunice pediu desculpas para Neiva por tentar afastá-la do filho. Neiva, por sua vez, admitiu sua implicância com a nora. As duas prometeram ser mais compreensivas uma com a outra e colocaram uma pedra sobre as provocações do passado, que elas recordavam desta existência.

Eunice sentiu algo mais leve ao apertar a mão de sua sogra, pareceu que naquele instante foi retirado um peso de seus ombros, o mesmo ocorreu com Neiva. Para Camilo, o primeiro passo para o entendimento foi cumprido, e Juvenal estava ao lado dele acompanhando a cena entre elas.

Eunice se despediu deixando a sogra confortavelmente na cama. Entrou em seu quarto e foi ao banheiro para tomar um banho e encerrar o dia agitado que teve.

***

Camilo convidou Juvenal para deixarem a fazenda e regressarem ao nível evolutivo ao qual ele pertencia.

— Não quero voltar para aquele lugar desagradável, não há luz naquelas paragens.

— O que você esperava, Juvenal? Um castelo com um arco-íris à sua volta! Cada um escolhe seu caminho. Se deseja beleza e conforto, tem de conquistá-los por mérito. Tudo deste lado funciona por mérito individual. Se continuar com sua teimosia, não conseguirá deixar o umbral e galgar outras cidades em níveis mais elevados. Poderia reencarnar ao lado de sua amada, mas insiste que a promessa seja cumprida.

— Quero muito vê-las novamente sendo amigas. Eliseu e eu somos os responsáveis por elas se odiarem.

— Conheço essa história, não precisa repetir, estamos todos colaborando para quebrar o laço negativo entre elas. Agora, você precisa deixar esta casa, sabe que sua energia pode pôr tudo a perder no progresso que conseguimos entre elas. Quero que liberte Henrique.

— Ainda não.

— Não seja tão teimoso! Como quer que Henrique cumpra a promessa se está perdido em outra dimensão, longe de seu corpo físico? O que está fazendo recairá sobre você! Cuidado para não provar do seu próprio veneno. Estou sendo benevolente, Juvenal.

— Quer medir forças comigo?

— Não, humildemente espero que você desperte e mude sua atitude — disse Camilo com tranquilidade na voz.

— Você é um fracote! É desses espíritos bonzinhos que aceitam tudo e não se defendem do ataque.

— Entenda como quiser. Um dia perceberá que ser forte não é ter força física ou poder nas mãos. Conquistei a pureza e não vou regredir. É tolice reagir negativamente à provocação, isso não é sinal de evolução. Acorde, Juvenal. Está na hora de despertar.

Camilo partiu deixando Juvenal sozinho no quarto com Neiva. Quando João entrou para dormir ao lado dela, o espírito sentiu a vibração forte de João e, antes que o senhor pedisse ajuda de alguém para limpar o ambiente, Juvenal foi embora.

***

Humberto e Heloísa também se recolheram no quarto de Olavinho, que foi dormir com a irmã. No quarto ao lado, Fabrício estava com Francisca. Verônica e Nivaldo voltaram para a casa deles. Foi uma noite tranquila para todos.

Quando o sol despontou no horizonte com seus primeiros raios, Verônica já organizava o grupo de mulheres para limpar a casa de hóspedes conforme Eunice havia pedido.

Eunice dormiu até um pouco mais tarde, estava cansada. Quando ela se virou na cama esperando tocar no corpo de Henrique, sentiu o vazio. Levou alguns segundos para se inteirar da realidade. Logo se recordou de onde estava o marido. A mulher ficou triste e tentou ser forte como no sonho que tivera com ele.

Para dar novas provas a Eunice, Camilo levou o espírito dela até o umbral, onde Henrique estava preso.

Eunice tentou soltar o marido e levá-lo para casa. Ela pôde ver que ele estava amarrado com cordas em um lugar escuro. Eunice sentiu medo quando ouviu gritos que vinham de longe. Apressada, tentou novamente desatar os nós da corda, mas como estavam muito apertados, tornaram-se um obstáculo intransponível para ela. Percebeu que estava rodeada de pessoas maltrapilhas e, pelo aspecto delas, a mulher entrou em desespero ao sentir que seria atacada. Ela acordou logo em seguida procurando por seu amado.

A mulher chorou sem saber que estava sendo protegida por Camilo e que aqueles espíritos nada podiam contra ela. Bastaria Eunice levantar a mão, que continha energia positiva, e todos correriam se escondendo da luz que emanava dela.

O choro de Eunice foi ouvido por Neiva, que estava no quarto ao lado. A sogra ficou tocada com o lamento de sua nora. A mulher queria consolar Eunice, mas o gesso em seu pé não permitia que se deslocasse com facilidade, pois sentia dor.

Ficou na cama esperando João trazer o café da manhã. Desejou que ele não se demorasse e fosse conversar com a nora, para acalmá-la.

Capítulo 26

Eunice secou suas lágrimas, tomou um banho, vestiu um vestido leve, escovou os cabelos e fez um rabo de cavalo na altura da nuca, se maquiou levemente, passou um batom e tentou abrir um sorriso diante do espelho, porém, não conseguiu. Os olhos estavam marejados novamente. Ela respirou fundo para enfrentar mais um dia.

Eunice saiu do quarto por volta das nove e meia da manhã. Quando ouviu o som de um carro estacionando na frente do sobrado, teve certeza de que era sua família chegando, como Berenice havia prometido.

Horácio, pai de Eunice, abriu a porta do carro impressionado com a beleza do jardim desde a entrada da fazenda. Ele, ao contrário da mulher e das filhas, amava estar no campo.

A mãe de Eunice e as duas irmãs saltaram do carro com ar esnobe. Odiavam estar no campo, tinham horror aos insetos.

Francisca veio recebê-los e os convidou para entrar. Olga e Arlete comentaram com a mãe o fato de que a empregada não estava uniformizada. Mãe e filhas mediam com o olhar cada canto da sala por onde passaram.

Eunice desceu a escada e seu rosto se contraiu em uma careta ao ver a mãe e as irmãs olhando com desdém a casa. Respirou fundo para reunir forças e ter paciência para suportar a visita fora de hora. Tentou sorrir quando disse:

— Bom dia! Vocês madrugaram na estrada para estarem aqui tão cedo. Fizeram boa viagem?

— Foi ótima, minha querida, você está abatida! Emagreceu! Não tem se alimentado bem? — perguntou Berenice.

— Estou bem, mamãe, não se preocupe comigo, quem está doente é meu marido.

— Meu Deus! Então é verdade que Henrique está entre a vida e morte na UTI de um hospital da cidadezinha que passamos?

— Não é verdade, Olga, meu marido ficará bem. Quem disse que Henrique está morrendo?

— Mamãe disse. E por essa razão viemos. Ainda teremos a festa para comemorarmos o aniversário de Olavinho?

— Não estou para fazer festa, Arlete.

— Que pena! Eu disse para meu noivo que teria uma festa de caipiras na fazenda. Ele virá mais tarde, com seu *trailer* magnífico para nos hospedar.

— Não é preciso. Avise para Alex que a presença dele não é necessária. A casa de hóspedes ficou pronta ontem. Estamos providenciando tudo para acomodá-los.

— Não direi para Alex não vir, ele é meu noivo. Você ainda não esqueceu as investidas dele? Não se preocupe, irmãzinha. Alex hoje é um homem apaixonado, só tem olhos para a noiva, ou seja, eu!

— É verdade. Ele não olha para as outras mulheres, Eunice. Somente para tudo que se move e usa batom — gargalhando, falou Olga para provocar Arlete.

Arlete ficou furiosa e chamou a mãe para que tomasse partido entre as duas.

— Mamãe!

— Quietas as duas! Não veem que Eunice está com os nervos em frangalhos! Ligue para Alex e diga para dispensar o *trailer*. Venha cá, minha filhinha, se alimentou hoje?

— Ainda não, mamãe, acabei de descer para o desjejum. Vamos para a copa tomar o café da manhã.

— Podemos chamar as crianças, querida? — perguntou Horácio olhando para o piso superior.

— Estão dormindo, papai. Daqui a pouco, Olavinho e Verinha descerão, e você terá o dia todo para brincar com seus netos, mas terá que dividi-los com o pai de Henrique.

— Não me diga que aquela mulher asquerosa está aqui?

— Não fale assim, mamãe! Dona Neiva veio ficar com o filho e acabou se acidentando. Caiu e quebrou o tornozelo.

— Que horror, ainda mais essa! Pobre Eunice, com tantos problemas! Espero que a alergia de Fabrício tenha melhorado com o ar puro da fazenda — comentou Olga.

— Meu bebê está muito bem, Olga. O pediatra estava certo, o ar magnífico desta cidade fez muito bem a ele.

— Que bom, filha, não teve mais crises de asma nosso pequeno netinho. É uma boa notícia no meio de tantas desgraças em sua vida.

— Pare com isso, mamãe. Minha vida não é uma desgraça.

— Ter de suportar a presença de Neiva, a meu ver, é uma desgraça sem tamanho! — disse Arlete.

— Parem as duas! Minha sogra não é uma pessoa ruim. Vamos tomar o café da manhã na copa.

— Mudou o conceito que fazia dela? Isso é novidade. De repente, a bruxa se torna a boazinha da história. O que aconteceu com você, minha irmã? — perguntou Arlete.

— Todos nós temos o direito de mudar de ideia. Pude ver em Neiva uma mãe preocupada e mudei de opinião. Não implico mais com ela. Não quero mais falar nesse assunto e peço que tratem minha sogra com respeito.

— Tudo bem, não daremos a vassoura para a bruxa dar uma volta já que ela está temporariamente fora de combate. Não é, Olga?

— Fiquem quietas as duas! Humberto e Heloísa podem ouvi-las lá em cima.

— Não brinca! Aquele espetáculo de homem está aqui?

— Fique calada, Olga! Heloísa pode ouvir! Respeite o casal.

— Querida, eu respeito. Adoraria que aquele gato me desse atenção. Ela que se cuide, pois casou com um homem belíssimo. Tem que cuidar bem dele ou...

165

— Você não tem jeito, menina! Está deixando Eunice ainda mais nervosa. Deixe de ser assanhada. Não vê que a beleza não é tudo. Sem dinheiro, a beleza fica feia — comentou Berenice.

— Dinheiro, papai me dá. O que eu quero é um namorado apresentável e belo!

— Basta desse assunto, Olga. Eunice está ficando assustada com seu assanhamento com Humberto. Ele é bonito, mas Alex é muito mais bonito a meu ver — comentou Arlete.

— Terminem o café da manhã caladas, ou serei obrigado a pedir que saíam — disse Horácio irritado.

—Você acabou irritando o papai, Olga!

— Eu? Credo, melhor buscar minha bolsa no carro. Aqui tem sinal para o celular ou precisamos fazer sinal de fumaça para nos comunicarmos com a civilização?

— Temos, Olga. O sinal cobre todas as áreas da fazenda. Henrique fez questão de trazer a tecnologia para a fazenda e para todos os colonos.

— Colonos? Existem empregados que moram aqui?

— Sim, mamãe. Por que o espanto?

— Não existe privacidade, querida, esse povo pode ser perigoso.

— Mamãe, perigo existe na capital. Aqui todos são pessoas tranquilas e trabalhadoras.

— Cuidado, filha, não deixe as crianças andarem sozinhas pela fazenda. Ouvi falar em tantos casos de sequestro.

— Não tem perigo, papai, melhor parar de ouvir esses programas dramáticos de jornalismo.

João, Humberto e Heloísa entraram na copa para a refeição matinal. As famílias se cumprimentaram educadamente. Heloísa notou os olhares de cobiça das irmãs de Eunice sobre Humberto. Ela, constrangida, olhou para a cunhada, que direcionou um olhar para as irmãs, que entenderam o recado. As duas pediram licença e saíram da copa.

Francisca chegou à copa acompanhada das crianças, que estavam bem-arrumadas. A babá fizera tranças nos cabelos compridos de Verinha e penteou o cabelo de Olavinho num lindo topete.

Até Fabrício estava com o cabelinho alinhado, e todos eles estavam cheirosos.

— Meus netos estão elegantes esta manhã! Quero um beijo e um abraço bem aperto — disse Berenice.

Olavinho puxou Verinha para começar a cumprimentar os familiares. Depois, ocuparam seus lugares à mesa, e Eunice serviu o café da manhã para os dois.

A presença das crianças amenizou um pouco a vibração desagradável que havia se formado à mesa.

Depois do café, Heloísa, Humberto e João foram para o hospital para visitar Henrique. Eunice, que havia esquecido a rusga com Maria, pediu que a empregada fizesse o almoço para a família na casa de hóspedes. A jovem senhora notou a desarmonia quando todos ficaram à mesa, não havia afinidade entre as famílias.

Eunice sabia que eram pessoas incompatíveis em todos os aspectos. Os únicos que conseguiam manter uma conversa agradável eram Horácio e João.

Horácio preferiu passear pela fazenda na companhia de Olavinho e Nivaldo. As três mulheres foram descansar na casa de hóspedes e levaram Verinha com elas. Francisca levou Fabrício para tomar um pouco de sol no jardim na frente da casa. Verônica estava organizando a cozinha e preparando o almoço.

Eunice se viu sozinha e teve vontade de descansar no sofá, mas o telefone tocou. Ao atender a ligação do hospital, ela ficou muito animada, Henrique havia acordado do coma e estava sendo levado para o quarto. A esposa se prontificou a ir até lá.

Estava feliz com a melhora do marido. Subiu para dar a notícia a Neiva e encontrou a sogra triste no quarto.

— Trouxe uma boa notícia, dona Neiva. Henrique acordou.

— Graças a Deus! Como ele está?

— Será transferido para o quarto. Quem sabe logo mais não terá alta?

— Seria bom demais, Eunice. Não vejo a hora de ver meu filho saudável novamente. Tenho orado muito por ele.

— Continue orando. Dizem que pedido de mãe é muito forte.

— Isso é verdade. Gostaria tanto de vê-lo. Seguirá para o hospital agora?

— Sim, subi para avisá-la e pegar minha bolsa. Sairei em seguida. A senhora está pronta?

— Sim, queria ter ido ao hospital com João, Humberto e Heloísa, mas eles não acharam prudente que eu os acompanhasse. Porém, com essa notícia boa, tudo se modificou. João se esqueceu de que tínhamos combinado de irmos em sua companhia comprar a bota ortopédica.

— A senhora consegue caminhar até o carro? Passaremos na loja que vende equipamentos médicos, compraremos a bota e tenho certeza de que andará com mais firmeza. Pedirei a Verônica que nos ajude a descer a escada.

— Obrigada, não queria dar esse trabalho todo a você. Mas desejo tanto ver meu filho. Sabe como é o coração de mãe.

— Conheço bem esse amor forte. Queremos protegê-los o tempo todo, como se em nossa presença nada de ruim acontecesse com eles. Imaginei que essa proteção desaparecesse quando ficassem adultos.

— Melhora, mas ainda desejamos protegê-los e vê-los bem e, principalmente, com saúde.

Após receberem a ajuda de Verônica, as duas seguiram para Atibaia.

Depois de comprarem a bota, nora e sogra seguiram para o hospital. Lá passaram no ortopedista para tirar o gesso e colocar a bota ortopédica. Depois que o médico liberou Neiva, as duas subiram até o terceiro andar para visitarem Henrique.

Ao ver a mulher entrando de braços dados com Eunice, João se emocionou com a cena, que imaginou que nunca se realizaria.

Neiva se aproximou do leito de Henrique e o beijou carinhosamente. Eunice fez o mesmo dizendo:

— Você voltou para nós, amor! Agradeço a Camilo.

— Camilo? É meu médico?

— De certa forma, sim. Camilo é o espírito que orienta nosso Olavinho.

— Eunice! Você está admitindo que os espíritos se comunicam com nosso filho?

168

— Tive uma prova irrefutável ontem. Até hoje estou pasma, nunca imaginei que um espírito pudesse se materializar e falar comigo.

— Que história é essa?

Eunice contou com detalhes para o marido a visita que Camilo fez para ele na UTI. Ele ouviu atento e depois perguntou:

— Esse jovem se parece um pouco com Humberto? Tem os olhos claros, os cabelos negros e lisos como meu irmão?

— Sim, você o descreveu. É um jovem muito bonito como você e seu irmão.

— Ele esteve aqui esta manhã. Segurou minha mão e disse que o pior havia passado e pediu para eu ficar firme, no positivo, que tudo se encaminharia para o melhor. Não compreendi a mensagem e, quando fui questioná-lo, ele havia deixado o quarto.

— Tenho aquela foto aqui na minha câmera fotográfica. Quer ver, meu filho?

— Quero, pai, estou curioso.

Quando Henrique olhou para o rapaz, teve a certeza de que a visita que recebeu foi de Camilo.

— É ele! Tenho certeza.

— Vamos agradecer a ajuda desse bom amigo de outra dimensão.

— Também agradeço Camilo, que trouxe meu filho de volta para nós — disse Neiva, que estava sentada em uma poltrona ao lado da cama, segurando a mão de Henrique.

Todos se uniram de mãos dadas e oraram em voz alta seguindo as palavras comovidas de João.

Capítulo 27

Depois de dar seu carinho para o marido, Eunice sentiu vontade de comemorar o restabelecimento do marido. Convidou Heloísa para fazerem algumas compras. A cunhada, sentindo que Eunice desejava sua companhia, mesmo cansada por carregar o peso de uma gestação avançada, aceitou o convite.

As duas se despediram de Henrique. Eunice desejava muito que o marido recebesse alta e estivesse presente na pequena reunião que faria na fazenda. Seria felicidade demais para toda a família, principalmente para o aniversariante.

— Dê meus parabéns a Olavinho, diga que eu o amo e que desejo a ele toda a felicidade do mundo. Estou muito feliz por você ter compreendido que nosso menino é especial.

— Também estou mais tranquila nesse sentido. Temia que Olavinho fosse portador de alguma doença mental como o psiquiatra afirmou. Hoje sinto a necessidade de estudar sobre espiritualidade para orientar meu filho. Peço desculpas por ter sido tão ignorante com a sensibilidade de nosso filho.

— Não tem que se desculpar comigo, amor. Olavinho se ressentia quando você o repreendia com castigos e remédios que o deixavam entorpecidos. Sabe quantas vezes eu joguei fora os remédios que você dava a ele?

— Você fazia isso?

— Ensinei a ele colocar o comprimido embaixo da língua e não engolir. Olavinho escondia os comprimidos dentro de um brinquedinho que ficava do lado da cama e depois me entregava.

— Você agiu bem. Eu não sabia o que estava fazendo com nosso filho, apenas obedecia a ordens médicas.

— Vamos deixar o passado para trás. Se desejar aprender sobre espiritualidade, creio que meu pai e Heloísa possam orientá-la melhor. Também quero aprender mais sobre esse assunto, para ajudar meu filho a lidar com sua sensibilidade.

— Me comprometo a estudar. Mas hoje quero comemorar. Tivemos ajuda de um amigo espiritual, portanto, Camilo e Olavinho merecem uma festa com bolo, balões e muita alegria. Seria maravilhoso se você estivesse presente na festa, meu amor.

— Quem sabe não teremos uma grata surpresa nesse sentido, Eunice? — comentou João.

— Recebeu algum aviso de seu mentor, papai? — Humberto perguntou curioso.

João apenas abriu um sorriso.

Eunice e Heloísa seguiram para as compras, queriam fazer uma surpresa para Olavinho. As duas compraram presente, bolo e tudo que precisavam para uma festa infantil.

Quando Humberto e seus pais se despediam de Henrique na intenção de retornarem à fazenda Vereda, pois Neiva precisava descansar, foram surpreendidos pelo médico que deu alta ao rapaz. A hora do almoço se aproximava, e Verônica os esperava.

Todos voltaram para a fazenda.

Mais tarde, Henrique desejou ficar na varanda descansando, nas confortáveis poltronas com almofadas macias. Seus olhos percorriam os espaços floridos do belo jardim na frente de sua casa. Sua mente ainda sentia o peso da energia negativa, do ataque obsessivo de seu algoz.

— Pai, me faça companhia, sente-se ao meu lado. Está sentindo o ar delicioso deste lugar?

— Estou, filho, é uma belíssima fazenda que você comprou.

— Obrigado, pai, me apaixonei por este lugar na primeira vez que estive aqui. Sabia que era ideal para minha família ser feliz. Quero todos que amo por perto, o senhor e a mamãe devem passar uma longa temporada conosco.

— Será um grande prazer, filho.

— Assim, eu fico com ciúmes — disse Humberto se acomodando ao lado dos dois. O rapaz havia acomodado Neiva na cadeira ao lado, com os pés em cima de uma confortável almofada.

— Não fique, meu irmão. Você e Heloísa serão sempre bem-vindos na fazenda. Seu filho adorará passar as férias aqui com o tio.

Neste ínterim, o interfone tocou, e Verônica o atendeu da cozinha. A empregada abriu o portão para um carro de luxo. Quando o motorista deixou o interior do veículo, Henrique não acreditou no que estava vendo e comentou baixinho com o irmão:

— Esse malandro safado tem a coragem de aparecer em minha casa?

— Fique calmo, meu irmão. Não pode ficar agitado, não vale a pena ficar nervoso com esse *playboy*.

Arlete estava na casa de hóspedes quando ouviu o som de um carro se aproximando, espiou para ver quem era e, ao reconhecer o carro de seu amado, correu para recebê-lo.

Já na varanda, o casal cumprimentou os presentes.

— Este é meu noivo Alex. Está lembrado dele, Henrique?

— Não me recordo, mas se é seu noivo...

— Não se lembra de que tivemos algumas diferenças no passado? Eu era namorado de Eunice, e ela me deixou para ficar com você. Não se recorda dessa vitória?

— Não me lembro de disputar minha mulher com ninguém, que sempre foi livre para fazer as escolhas dela. Se ela preferiu se casar comigo, é porque tem bom gosto — brincou Henrique deixando Alex furioso.

Arlete, conhecendo o gênio irascível do noivo, rapidamente o convidou para segui-la até a casa de hóspedes. Alex comentou com ela:

— Esse seu cunhado nunca aceitou meu passado com sua irmã. Ela foi uma tola escolhendo esse fracassado, engenheiro de casas populares.

— Não implique com Henrique, você está na fazenda que pertence a ele.

— Esta propriedade deve ser fruto de seus golpes. É um pequeno sítio, mas ele a chama de fazenda Vereda.

— É uma fazenda de gado leiteiro, é bem grande pelo que eu pude notar, tem até uma cachoeira aqui perto! Mais tarde tomaremos um banho de cachoeira, deve ser muito romântico e refrescante.

— Claro, amor, podemos marcar e todos participarão dessa recreação selvagem, mas é melhor nos cobrirmos com repelentes para não sermos devorados pelos insetos.

— Não exagere, Alex. Não estamos na selva, estamos em uma fazenda. Ficaremos hospedados nesta casa, onde antes era a sede. Os antigos proprietários moravam aqui, não tem luxo, mas é confortável e tem sinal de celular.

— Que bom! Sinal que seu cunhado está mais civilizado! Não deixou Eunice presa na torre sem conseguir se comunicar com o mundo externo.

— Mas que implicância com Henrique! Você realmente não se conformou com o rompimento do namoro com Eunice.

— Não é isso, amor, é que não gosto de perder nada para ninguém, e perdi a namorada para esse babaca!

— Não seja criança, Alex, isso foi há tanto tempo. Agora você é meu noivo, e vamos nos casar em breve. Estou ficando com ciúmes, pare de falar de Eunice. Ela não o aceitou no passado e não o aceitará agora. Está muito feliz com a família que construiu com Henrique.

Olga chegou à sala onde o casal discutia e comentou:

— O que é isso? Os dois estão brigando em um dia tão bonito como este! Deixe-me adivinhar o motivo: estão discutindo por ciúmes.

— Sua irmã gosta de me irritar com esse ciúme descabido! Fiz apenas um comentário depois que tive a nobreza de cumprimentar o dono dessa pocilga. Ela não compreende a raiva que sinto desse sujeito.

— É natural, você perdeu para ele — disse Olga provocando Alex.

173

— Está vendo agora como é desagradável ouvir essas provocações! — desabafou Alex.

— Basta, vamos dar uma volta pela cidade, preciso de um pouco de ar longe da fazenda, estou sentindo cheiro de estrume de porco. Vamos, amor? Quem sabe na cidade exista um lugar agradável para um passeio, quero almoçar em um restaurante que tenha boa comida.

— Não demore nesse passeio, Arlete. Eunice avisou que trará bolo para a festa de aniversário de Olavinho — disse Olga.

— Onde estão Olavinho e o papai?

— Caminhando pela fazenda.

— Toda a manhã?

— Parece que sim, devem estar andando a cavalo. Papai adora cavalgar no lombo de um animal suado e fedorento.

— Verinha está com mamãe?

— Sim, estão descansando no quarto. Verinha quer brincar de bonecas.

— Nossa! Mamãe está aprendendo a ser vovó. Isso é inédito!

Alex e Arlete deixaram a fazenda, e Henrique sentiu um alívio quando eles cruzaram o portão, com o som em alto volume.

Eram dezessete horas quando Eunice e Heloísa voltaram para a fazenda, estavam cansadas de tanta correria para programar a festa de aniversário de Olavinho. Elas almoçaram em um restaurante na cidade de Atibaia e continuaram as compras até próximo ao final da tarde.

Eunice pediu ajuda para Francisca e Verônica para decorar a cozinha externa, onde ficavam a churrasqueira e o salão de festa. Caio e Humberto fizeram questão de ajudar as mulheres. Encheram os balões e colocaram as toalhas decorativas nas mesas, as bandejas com docinhos e salgados apetitosos. Humberto e Caio colaram nas paredes os enfeites, que eram entregues aos rapazes por Heloísa e Francisca. Eunice dava ordens para que tudo ficasse como ela planejou. Depois de tudo pronto, todos foram se arrumar para a festa. A noite já havia caído.

As crianças estavam na casa de hóspedes com os avôs maternos, e não sabiam o que estava acontecendo no sobrado. Nivaldo brincava com Olavinho e com o avô Horácio.

Eunice pediu para Francisca trazer as crianças para tomarem banho, as luzes do salão de festa e da cozinha externa foram apagadas. Olavinho, Verinha e Nivaldo passaram próximos ao local da festa, mas não notaram nada de diferente. As crianças estavam eufóricas pela notícia agradável que receberam de Francisca: Henrique estava de volta.

Os três seguiram para o quarto do casal. Olavinho e Verinha pularam na cama abraçando Henrique. As crianças estavam eufóricas e cobriram o pai de beijos. Nivaldo estava tímido, parado na porta do quarto, apenas olhando a algazarra da família. Henrique o chamou dizendo:

— Quero um beijo do meu amigo. Venha, Nivaldo, sei que também está feliz por me ver. Eu estou muito feliz por estar bem. Será que não mereço um abraço forte e um beijo?

Nivaldo se aproximou e abraçou Henrique com carinho. Depois, o garoto depositou um beijo sonoro no rosto do homem, que sorriu e retribuiu o carinho.

Eunice saiu do banheiro e ficou olhando a brincadeira. Ela estava muito feliz por seu amado estar de volta, sentia sua família completa novamente. Fabrício também estava na cama ao lado do pai, os dois descansavam juntos quando as crianças entraram no quarto.

Francisca também observava a brincadeira um pouco mais distante, ela estava parada no corredor. Ficou feliz de ver o carinho do patrão com seu irmão. Ela, depois da ordem de Eunice, entrou no quarto e levou Fabrício e Verinha para o banho; Olavinho e Nivaldo foram para a suíte do menino e entraram no chuveiro para ficarem limpos como Eunice ordenou.

Eram vinte horas quando todos se reuniram no salão de festa. Eunice havia contratado um mágico, que animou a festinha. As crianças da fazenda foram convidadas para a festa e ficaram encantadas com a fartura de salgados e doces.

Olavinho estava muito feliz de dividir sua alegria com a família e todos os amigos que fez na fazenda. Camilo compareceu e deu um beijo em Olavinho.

O mágico distraiu as crianças deixando-as encantadas com as mágicas e as brincadeiras. Muitas fotos foram tiradas, e Eunice e João ficaram analisando as imagens para ver se Camilo estaria, mas tudo que encontraram foram luzes brilhantes e marcas luminosas estranhas, em diversos pontos.

Henrique ficou sentado do lado da mãe em um sofá aconchegante, saboreou um pouco de suco e tomou um prato de sopa, que Verônica levou para ele e para Neiva. Ambos seguiam as orientações de seus médicos. Henrique estava feliz de ver a alegria de seus filhos e de sua esposa.

Eunice estava radiante, algo nela chamava a atenção de Henrique, parecia que ele estava vendo a esposa pela primeira vez. Percebia que a esposa havia perdido o ar de superioridade. Notava esse mesmo ar superior em Berenice e em suas duas filhas.

A única coisa que estava incomodando Henrique era a presença de Alex, que retornou do passeio na cidade para participar da festinha.

A todo o momento, Alex encontrava um modo de ficar próximo de Eunice, que estava ficando irritada com a ousadia dele. Isso também irritou Henrique a ponto de Humberto perceber.

Alex tirou Eunice para dançar, puxando-a com força pela cintura. Humberto, que acompanhava a situação, se apressou e convidou Arlete para dançar, conduzindo-a para o meio do salão.

Esperto, Humberto fez questão de trocar os pares e tirou Eunice dos braços de Alex. Ela agradeceu o cunhado, e os dois olharam na direção que estava Henrique, que saudou o irmão com um sorriso.

A festa terminou tarde da noite, os colonos vieram buscar seus filhos, e Eunice entregou a eles tudo o que sobrou da festa. As famílias elevaram Eunice à benfeitora deles, sentiam que a fazenda seria um lugar maravilhoso para se viver. Os novos patrões eram bons, assim eram considerados pelos empregados.

Todos se recolheram para o descanso. Francisca havia deixado Fabrício dormindo no quarto, sabia que ele não despertaria o resto da noite. Ela pediu para Eunice dispensá-la, queria namorar um pouco Caio, que também participou da festa.

Henrique e Eunice entraram no quarto. Eles estavam felizes e, antes de pegarem no sono, se entregaram ao amor que os unia.

Capítulo 28

O domingo começou chuvoso.

Alex e Arlete discutiram grande parte da madrugada, e ela concluiu pelas atitudes do noivo que ele ainda amava Eunice.

Durante a briga, ela afirmou que Alex estava ali para não perder a oportunidade de acabar com o casamento de Eunice.

Arlete estava ciente de que Alex se aproximara dela em Amsterdã depois que um amigo comentou o sobrenome dela. Naturalmente, o rapaz teve certeza de que Arlete era a irmã de Eunice.

Após as apresentações, o rapaz passou grande parte do tempo falando de Eunice, e Arlete sentiu que ele ainda não havia esquecido o rápido relacionamento que teve com a irmã dela. A moça se sentiu usada, mas preferiu dar continuidade ao relacionamento, pois estava apaixonada por Alex.

Ela sabia que desde que ele chegara à fazenda ansiava por encontrar Eunice. Arlete estava atenta aos movimentos de seu noivo e notou que ele não perderia a oportunidade de se reaproximar de Eunice.

Arlete estava ferida profundamente. A moça amava Alex, fazia planos de passar a vida inteira ao lado de seu amado, criou grandes expectativas a respeito desse amor. Desejava ser amada, mas precisava reconhecer que havia perdido seu grande amor! Estava decepcionada e se tornou apática. Durante o dia, se fechou no quarto e chorou sua dor e sua desilusão.

Alex aproveitou para conhecer a fazenda junto com o grupo de jovens moradores e de Olga, que os acompanhou. Subiu no lombo do cavalo e cavalgou toda a manhã embaixo da chuva fina que caía molhando a terra.

Henrique também percebeu, por instinto, que sua estrutura familiar estava em perigo. Ele era um homem seguro de si, mas a presença do ex-namorado de sua mulher o incomodava, principalmente quando Alex não perdia a oportunidade de estar ao lado Eunice, sempre a tocando de alguma forma.

Eunice estava muito irritada com o assédio de Alex e pediu a Olga que levasse Arlete e Alex de volta para São Paulo, porém, a moça estava animada, ela era o centro das atenções dos jovens da fazenda, e estava adorando provocá-los. Sem se importar com a irmã, ela vestiu um shortinho e foi cavalgar.

Olga e Alex, depois de se alimentarem na cozinha externa do sobrado junto com toda a família, estavam animados e sorrindo para todos. Olga sorria para Humberto, o que deixou Heloísa irritada. Alex também se insinuava para Eunice.

Mais tarde, Alex retornou para a casa de hóspedes, entrou no quarto que Arlete ocupava e se inclinou sobre a cama para se aproximar carinhosamente da namorada, mas ela o repeliu dizendo:

— Quero que vá embora. Você é um canalha, Alex.

— Pare com isso, amor, sabe que é você quem eu amo. Não leve tudo tão a sério, quero apenas irritar seu cunhado, ele é muito prepotente e arrogante.

— E você quer Eunice! Confesse que ainda a ama!

— Entenda como quiser, não tenho mais paciência com você, vou embora desta pocilga que você chama de fazenda.

Alex colocou seus pertences em uma mochila e deixou a casa de hóspedes sem se despedir de ninguém. Todos haviam se recolhido para descasar naquela tarde de verão chuvosa. Arlete continuou chorando no quarto.

Ele caminhou até seu carro e jogou a mochila no banco de trás. Alex armou um plano para acabar com o casamento de

Eunice. O rapaz sabia que as crianças estavam brincando na varanda sem a companhia de um adulto, pois Francisca estava de folga e havia saído para cavalgar com os amigos e o namorado.

Ele se atreveu a entrar no sobrado mesmo sabendo que todos haviam se recolhido para descansar. Foi até a sala onde Eunice estava cochilando ao lado de Henrique e disse baixinho para ela que Verinha havia caído na sala de brinquedos e estava sangrando muito.

Eunice levantou-se rápido e foi auxiliar a filha.

Ela entrou no ambiente, mas não encontrou Verinha ou Olavinho. Quando se virou para sair à procura das crianças, Alex a agarrou e começou a beijá-la nos lábios. Ela o empurrava com força, mas ele tinha os braços fortes.

Os dois acabaram derrubando uma caixa de brinquedo. O barulho acordou Henrique. O rapaz se dirigiu à sala de brinquedos e ficou pálido ao interpretar aquele ataque à sua esposa como uma traição da parte dela.

Henrique gritou com Eunice e foi para cima de Alex com o punho fechado, acertando um forte soco no rosto dele.

Alex covardemente correu. Às pressas, o rapaz deixou o sobrado e entrou no carro, saindo da fazenda como um fugitivo. Por sorte, o portão da fazenda estava aberto, e Alex aumentou a velocidade de seu carro deixando a fazenda. O rapaz, em sua loucura, imaginava que em breve teria Eunice novamente para ele. Quanto aos filhos dela, ele não deseja criá-los, deixaria que o pai o fizesse.

Durante a briga, Henrique foi empurrado, escorregou e caiu sobre o tapete. Eunice foi ajudá-lo, ela estava assustada e furiosa com Alex, mas o marido a empurrou dizendo:

— Me deixe em paz, traidora! Como pôde? Não esperava por esse golpe baixo de sua parte! Desapareça da minha vida, sua vadia!

— Não fale assim comigo! Aquele canalha me agarrou!

— E você aproveitou para relembrar os velhos tempos. Suma da minha frente antes que eu cometa uma loucura!

Assustada por ver a fúria de Henrique, Eunice deixou a sala de brinquedos e subiu a escada rapidamente, entrando em seu quarto. Ela se jogou sobre a cama e deixou as lágrimas rolarem livremente pela face.

Heloísa e Humberto, que estavam descansando no quarto de Olavinho, escutaram a voz alterada de Henrique, o que não era de costume, e depois ouviram os soluços abafados de Eunice no quarto.

— O que está acontecendo, amor?

— Não sei, parece que Henrique está furioso.

— Desça para conversar com seu irmão enquanto eu irei ao quarto de Eunice para descobrir o que está acontecendo. Será que aquele homem aprontou novamente das suas?

— Pelo que percebi, ele é alucinado por Eunice e, quando um homem fica neste estado, ele é capaz de tudo para ter o que deseja. Notou como ele investiu todo o seu poder de sedução para ver Eunice fraquejar?

— Notei por diversas vezes, e sua mãe também notou a intenção do noivo de Arlete. Também percebi as investidas de Olga para cima de você.

— Não tive culpa, amor. Olga é uma menina sem juízo, considero suas investidas como brincadeira infantil, de adolescente.

— Não quero discutir sobre esse assunto. Para sua sorte, eu sou uma mulher bem resolvida, tenho certeza de seu amor. Mas essa situação é desagradável. — Heloísa beijou os lábios do marido e saiu do quarto em seguida.

Após bater na porta do quarto e se anunciar, Heloísa entrou e viu Eunice deitada na cama. A mulher estava arrasada pelas bobagens que ouviu do marido. Ela contou com detalhes para a concunhada o que aconteceu e como fora tratada pelo marido.

— Se acalme, tudo será esclarecido, ele não a mandou embora, pois está consciente do que isso representa na vida de vocês. Vou descer e contar tudo o que me disse para Humberto. Tenho certeza de que Henrique ouvirá o irmão.

— Faça isso, eu não sei mais como explicar que fui vítima desse canalha. Quem sabe Henrique acredita na palavra do irmão? Como pôde ser tão tolo? Ele não percebeu como Alex me perturbou todo o tempo que esteve aqui?

Ao sair do quarto, Heloísa ouviu a voz de Neiva falando firme com o filho e correu para chamar Eunice, para que ela ouvisse o que a sogra dizia. As duas pararam na porta da sala de brinquedos e ouviram algo inesperado para Eunice:

— Não seja teimoso, meu filho. Eunice não fez nada de errado, ela o ama. Não jogue fora sua família por um canalha como aquele, ele é apaixonado por sua mulher. Eu estava aqui deitada no sofá brincando com Verinha, ela me cobriu com os bichinhos de pelúcia e saiu da sala quando Olga veio buscá-la para brincar com a outra avó. Eu acabei pegando no sono coberta com os bichinhos de pelúcia.

"Quando estava despertando, ouvi aquele safado dizer a Eunice que Verinha havia caído e estava sangrando, pude escutar suas palavras mesmo sussurradas.

"A pobre Eunice veio correndo para cá, e eu fiquei quietinha para ver o que ele desejava com aquela mentira. Sem que Eunice pudesse impedir, ele a agarrou com força e acabaram derrubando a caixa de brinquedos. Ela tentou gritar, mas ele a beijava desesperadamente. Foi aí que você chegou, e começaram a brigar.

"Tentei me levantar com rapidez, mas minha perna não permitiu. Eu queria falar que Eunice era inocente, porém, diante da confusão, vocês nem notaram minha presença. Meu filho, você acusou sua mulher injustamente, ela não fez nada de errado. Eunice o ama. Estou falando a verdade.

Henrique parou e abraçou a mãe dizendo:

— A senhora acabou de salvar meu casamento, mãe, tenho que pedir perdão à minha mulher, sou louco por ela e não suporto pensar em perdê-la.

Eunice estava parada na frente de Henrique com os olhos inchados e vermelhos, ele se ajoelhou aos pés dela e disse:

— Me perdoe! Eu fiquei cego de raiva ao ver aquele homem beijando você. Me perdoe, amor, te amo tanto!

— Eu o perdoo e agradeço à sua mãe que nos uniu novamente. Obrigada, Neiva, se não estivesse escondida nesta sala, minha família estaria destroçada.

— Não precisa me agradecer, falei a verdade sobre o que presenciei. Sabe, Eunice, eu realmente não gostava de você, tínhamos nossas diferenças. Mas agora você se revelou uma esposa amorosa e uma mãe dedicada. Aprendi a respeitá-la e faço questão que esta família linda permaneça unida.

As duas se abraçaram e os demais, aos poucos, se uniram no mesmo abraço. Camilo, que estava ao lado de Juvenal, perguntou a ele:

— Gostou do desfecho para a promessa que veio cobrar de Henrique?

— Nessa história tem dedo seu? Se Eliseu continuasse dormindo, nem notaria que Virgínia estava sendo atacada por aquele estúpido. Valéria também não teria despertado para testemunhar a favor de Virgínia.

— Você ficou cobrando Eliseu em vez de esperar que a vida mexesse seus pauzinhos, unindo as duas e acabando com o laço de ódio que se formou entre elas no passado. Eu tive que interferir para resolver tudo logo. Nunca mais obrigue uma pessoa a fazer o que você escolher para ela. Ainda bem que esse costume de escolher maridos caiu em desuso em muitos países. Há coisas que precisam ficar no passado, afinal, seja bem-vinda a evolução dos costumes culturais no planeta Terra.

— Nunca mais tomo decisões por outras pessoas. Minha existência foi atormentada. Virgínia e Eliseu sempre se amaram. Eles têm um aprendizado juntos. Mas eu também quero viver experiências ao lado de minha amada Amélia. Ajude-me, Camilo, a evoluir e conseguir reencarnar, quero viver com minha amada. Ainda há tempo?

— O caminho é longo, mas mexendo meus pauzinhos novamente posso encaixar você em um reencarne mais rápido, afinal, você retardou essa experiência. Falarei com os espíritos sábios, que cuidam da programação. Se prepare, Juvenal, em breve, retornará para esse planeta de malucos.

— Poderei viver com minha amada?

— Se tudo der certo, vocês se casarão, como no passado.

— E se não der certo? E se alguma coisa me desviar do caminho?

— Não se preocupe, eu venho colocá-lo de volta no caminho que foi planejado para você.

— Eu cobrarei essa promessa, Camilo.

— Lá vem você novamente! Terá o codinome de cobrador de promessas. Está feliz agora? O que desejava aconteceu. As duas estão iniciando um bom relacionamento, como tinham antes de você se intrometer entre elas.

— Estou muito feliz, o amor voltou a reluzir entre os três. Veja como elas ficaram iluminadas no campo energético. Estou muito feliz.

— Olhe à sua volta, o seu campo energético também mudou de cor, saiu do cinza-escuro para o branco. Até suas roupas estão limpas e inteiras. Falta melhorar o cheiro que exala, não gosto do cheiro de espíritos masculinos. Eu prefiro o cheiro gostoso dos espíritos femininos.

— Eu também prefiro o feminino.

Os dois saíram da sala sorrindo com a brincadeira e deixaram o planeta Terra, retornando para o plano espiritual.

Olavinho entrou na sala a tempo de ver Camilo acompanhado do espírito que perseguia o pai. O menino ficou admirado com a nova aparência dele. Camilo e Juvenal olharam para Olavinho e deram uma piscada antes de desaparecerem através da janela fechada, no fundo da sala.

Olavinho disse baixinho para Nivaldo e para o avô:

— Ele se foi! Meu pai agora ficará bem. Tudo foi resolvido, precisamos agradecer a Camilo.

— Que tal fazermos uma festa animada? — disse Nivaldo.

— Gostou da festa de meu aniversário? Podemos fazer uma quando você completar sete anos.

— Eu aceito! Terá mágico também?

— Peço para mamãe contratá-lo novamente. Quando é seu aniversário?

— Não sei, preciso perguntar para minha mãe.

Os dois foram correndo até Verônica, que preparava o café da tarde para as visitas. Logo mais todos regressariam para São Paulo.

Verônica disse que estava longe o aniversário de Nivaldo, que só completaria sete anos em agosto, e ainda estavam em janeiro.

Os meninos planejavam uma bela festa com tema masculino, nada de bonequinhas ou bichinhos de pelúcia, que Verinha tanto adorava nas festas.

Novamente todos se reuniram à mesa e tomaram um café saboroso. A família de Eunice deixou a fazenda. Arlete estava inconformada com a partida de Alex, ela não ficou sabendo o que aconteceu no sobrado. Eunice contou apenas para seu pai, esperando que ele tomasse alguma providência quanto ao noivado da filha.

Eles se foram prometendo voltar antes do final do verão.

Humberto também anunciou que voltaria para Santos com Heloísa, mas Henrique e Eunice foram contra a partida deles, estavam de férias do trabalho. Assim, por insistência de ambos, o casal permaneceu um pouco mais na fazenda Vereda.

Capítulo 29

Na segunda feira, o sol brilhou na fazenda. Henrique e Eunice continuaram deitados lado a lado, não queriam que nada quebrasse o encanto da noite maravilhosa que tiveram. Porém havia tantas providências para serem tomadas que Henrique decidiu não seguir para o trabalho em São Paulo.

Eunice contou o que aconteceu no escritório durante a ausência do marido e afirmou que tudo estava em ordem por lá, que todos os pagamentos foram feitos e seu melhor engenheiro estava trabalhando no projeto do *shopping center* na cidade.

— Você realmente me surpreendeu. Sabe há quanto tempo estava batalhando para conseguir fechar esse contrato?

— Não exatamente, mas Lavínia me disse que esse projeto seria muito importante para o escritório. Fechei o contrato e depois realizei uma reunião com seus funcionários. Precisava saber em que terreno estava pisando. Penso que fechei um bom negócio. Você tem bons funcionários trabalhando por lá.

— Bom negócio? Um excelente negócio! Com o pagamento desse projeto, estou pensando em fazer uma viagem para a Disneylândia com toda a família! O que acha?

— Seria uma viagem cansativa, amor. Fabrício é muito pequeno e dará muito trabalho. Estive pensando em melhorar a parte de lazer da fazenda.

— O que tem em mente?

— Construir ao lado da cozinha externa e do salão de festa uma piscina aquecida para as crianças usarem também no inverno. O que acha?

— Você sempre me surpreendendo. Vamos construir essa piscina, tenho certeza de que toda a família vai se divertir.

— Tem mais uma coisinha que estive pensando para alegrar as crianças.

— Diga. Será que gastaremos muito?

— Não muito, penso que seu pai pode ajudar nesse projeto. Estou pensando que Olavinho, Verinha e Nivaldo vão adorar brincar em uma casinha na árvore. Quando eu era criança, desejava ter uma casinha dessas no quintal.

— Não acha que estaríamos mimando nossos filhos demais?

— Não, são crianças adoráveis e educadas, merecem esse mimo.

— Meu pai pode cortar as madeiras, e eu e Humberto nos encarregaremos da construção. Vou desenhar agora mesmo o projeto. Perguntarei a Humberto se ele tem outros planos para as férias. Ontem mesmo disse que ficaria até o final das férias.

— Eu e Humberto estamos abrindo uma pequena fábrica de laticínios. Heloísa, que é formada em pedagogia, está elaborando um plano de aulas para a nova escola, que abriremos ao lado da igrejinha.

— Quantas novidades! Estive tempo demais inconsciente naquele hospital.

— Você sabia que é o proprietário de uma fazenda de gado leiteiro?

— Não dei muita importância para o que tinha na fazenda, queria arrumar um lugar bonito para vivermos, o ar daqui é saudável para nosso bebê. Temos vacas na propriedade?

— Você é mesmo muito distraído, meu marido! Você acabou comprando uma fazenda de gado leiteiro, vendemos leite tipo A de qualidade!

— Soube que a fazenda era autossustentável e dei ordem para os empregados continuarem com o trabalho, como faziam antes da venda. Depois não tive tempo para me inteirar da lucratividade desse negócio. Me parece que fiz uma promessa antes de nascer, que não cumpri, e alguém veio me cobrar. Acredita mesmo nisso, meu amor?

— Sim, tenho certeza. Carregarei para minha vida o que vivemos aqui como aprendizado. Tive uma prova forte da espiritualidade, sem falar da mediunidade de nosso filho. Chega de negar o dom do nosso menino. Ele precisa de nosso apoio e não de repreensão, não é apenas uma fase infantil que ele vive. Terá essas visões pelo resto de da vida, e como pais temos a obrigação de orientá-lo.

— Como faremos isso? Não sabemos nada a esse respeito.

— Por nosso filho e por nós, está na hora de aprendermos sobre o assunto. Seu pai pode nos orientar, e Camilo também se ofereceu para nos ensinar um pouco mais sobre esse assunto.

— Você fala de um espírito como se ele fosse alguém que está vivendo aqui.

— Ele vive em outra dimensão, não temos evolução suficiente para enxergar, mas ele está sempre por perto, é o mentor de nosso filho. Olavinho disse que todos nós somos ligados por um laço familiar. Quem sabe Camilo não foi um de nossos filhos na vida passada?

— Acredita nisso? Acha possível?

— Não duvido de mais nada, querido. Tudo é possível. Seria bom que seus pais ficassem na fazenda um tempo. Seu pai pode ser um ótimo orientador espiritual para Olavinho, cujos pesadelos estão ficando cada vez mais raros. Seu pai conversa muito com ele, para que nosso filho perca o medo e enfrente suas visões. Olavinho tem mais equilíbrio agora.

— Realmente andaram acontecendo muitas coisas nesta família enquanto eu estive fora de combate.

— Aconteceram muitas coisas, e eu estava apavorada com a possibilidade de perdê-lo, amor.

— Não queria que eu morresse?

— Não fale isso. Só em pensar nesta possibilidade, fico trêmula.

— Eu estou bem, não pretendo deixá-la tão cedo. Você mudou com tudo isso que nos aconteceu, não encontro mais a mulher exigente, mal-humorada e arrogante na minha frente.

— Tem razão, eu estava me tornando igual à minha mãe. Enfrentei grandes desafios com sua doença. Quando estava sozinha e precisando de ajuda, encontrei apoio em pessoas simples, que me rodeavam.

— Se refere à família de Verônica?

— Sim, ela foi incansável junto com Francisca e Nivaldo. Eles não sabem o bem que me fizeram. Saber que poderia contar com essa ajuda me deu forças para enfrentar os desafios que a vida me impôs. Sem contar os sonhos reveladores que tive durante esse período. Mudei sim, consegui arrancar a fantasia de mulher fútil e presunçosa. Eu sou o que posso ser. E nada melhor do que tirar a máscara de superioridade, que é um grande engano, para ser uma mulher simples.

— Parece que todos nós mudamos. Hoje tenho certeza de que ficaremos velhinhos juntos, brincando com nossos netinhos.

— Temos que cuidar primeiro de nossos filhos. Tenho que seguir para a cozinha para alimentá-los.

— Nada disso, quero você aqui comigo mais um pouquinho, depois deixarei a mãe entrar em ação, agora quero a minha mulher.

Henrique beijou Eunice efusivamente e acabaram se entregando ao desejo de estarem juntos.

Capítulo 30

Eunice e Henrique saíram do quarto no horário do almoço. As crianças desejaram chamá-los, mas o tio não deixou que fossem incomodados, pois sabia que os dois precisavam de momentos a sós.

Quando o casal chegou à copa, Olavinho disse:

— Até que enfim acordaram! Estava nervoso imaginando que papai estava tendo outra crise. O tio Humberto não deixou que eu subisse para chamá-los.

— Está tudo bem, filho, eu estava descansando, e sua mãe me fez companhia, também tenho o direito de ficar ao lado dela um pouquinho.

— Papai, sua mãe está aqui, fique com a sua e deixe a minha mãe um pouco comigo e com Verinha. Sabia que Fabrício ficou chorando? Francisca teve que levá-lo para o jardim, ele queria a mamãe dele também.

— Quando drama, meu filho! Estou aqui pronta para dar uns beijinhos nesta bochecha rosada.

Eunice corria em torno da mesa para pegar Olavinho, que corria dela. Quando conseguiu alcançá-lo, Eunice encheu-o de beijos. Verinha entrou na brincadeira, e Henrique correu para segurar a filha e fazer o mesmo. Neiva, João e Verônica observavam a família se divertindo.

Neiva se sentiu em paz. Se presenciasse aquela cena de carinho entre eles semanas antes, sentiria seu coração apertar no peito e a raiva a invadiria. Naquele instante, ela estava feliz por fazer parte daquela família linda que seu filho havia formado, reconhecia que Eunice era uma mulher de sentimentos nobres e amava Henrique verdadeiramente. A mulher decidiu que não implicaria com bobagens ínfimas que a nora a seu ver cometia.

Humberto e Heloísa retornaram ao sobrado para almoçar, eles estavam ocupados com o início dos trabalhos para montar o laticínio. Durante a manhã, haviam provado os queijos e outros derivados do leite que as mulheres prepararam. Aproveitaram a oportunidade e trouxeram queijos gostosos e um pote grande de doce de leite com chocolate.

As crianças ficaram animadas para comer a sobremesa após a refeição. Nivaldo e Olavinho foram lavar as mãos no lavabo para sentarem à mesa com os adultos. Verinha correu para o colo do tio, e eles foram lavar as mãos juntos.

Sentada à mesa, a família discutia diversos assuntos, e João sentiu a vibração gostosa que se formou no ambiente. Olavinho, que estava ao lado do avô, perguntou:

— Vê as cores se misturando no alto da mesa, vovô?

— Não. Infelizmente não vejo a energia que você vê, apenas sinto a vibração agradável que nossa família unida forma.

Olavinho falava baixinho para o avô e para Nivaldo, que estava a seu lado. Mas, naquele instante, todos pararam de falar e a voz dele foi ouvida em um sussurro, ele olhava para cima, na direção do lustre que havia no centro da mesa.

— Que lindo, vovô, formou-se um arco-íris que vai de uma ponta a outra da mesa. É muito bonito!

Todos pararam e levantaram os olhos para o teto, mas infelizmente ninguém conseguiu ver as cores da energia que Olavinho descrevia com intenso deslumbramento, porém, todos sentiram a vibração agradável em volta deles. Olavinho continuou:

— Tia, sua filha é muito bonita, ela tem a aura brilhante. Camilo disse que ela será uma criança com dons parecidos com os meus. Igual ao meu irmãozinho Fabrício, que também tem esse brilho na aura.

— Então teremos uma família de médiuns?

— Sim, vovô, o senhor foi o primeiro, e seus netos são da geração cristal, Camilo me contou.

— Pergunte a ele o que isso quer dizer, meu filho — instruiu Eunice.

— Eu sei o que ele quer dizer, Eunice. Depois explicarei a todos. O que Camilo deseja, Olavinho? — perguntou Heloísa.

— Que à noite todos se reúnam para dar início à nossa escola.

— Diga a ele que às 20 horas estaremos reunidos nesta sala e esperaremos por ele.

— Mamãe, não preciso repetir. Camilo ouviu o que a senhora disse.

Todos riram do modo como Olavinho falou a última frase e, antes que a comida esfriasse, eles se serviram do delicioso almoço que Verônica preparou.

***

O dia decorreu com muitos afazeres. Neiva, João, Humberto e Heloísa levaram as malas para a casa de hóspedes, afirmaram que assim os moradores ficariam mais à vontade no sobrado.

A noite chegou, e todos se reuniram pontualmente às 20 horas na sala de jantar. Francisca, Verônica e Nivaldo foram convidados para participar da reunião espiritual. Todos estavam agitados, sem saber como ocorreria esse primeiro encontro de estudos espirituais.

João e Olavinho sentaram-se lado a lado à cabeceira da mesa. João comandou a abertura do trabalho espiritual conforme aprendera no centro espírita, que frequentava na cidade de Santos. Ele realizou uma linda oração e pediu para todos relaxarem depois que Francisca colocou uma música suave para tocar.

Olavinho abriu um sorriso bonito, olhou para o lado direito da mesa e disse:

— Camilo está aqui. Trouxe um amigo de nome Juvenal, que deseja contar uma história para nós.

João sentiu a presença do espírito e permitiu que ele falasse usando seu corpo físico. Assim, Juvenal se aproximou de João e sua energia se acoplou ao campo energético do médium, o que permitiu que todas as palavras do espírito fossem sintonizadas pela mente de João, que repetia conforme sua interpretação permitia.

Juvenal se apresentou como um velho amigo do grupo familiar ali presente. Olavinho reconheceu o espírito de Juvenal como sendo o "monstro" que prendia Henrique e ficou um pouco temeroso. O menino não tirava os olhos de seu pai com medo de que outro ataque epilético ocorresse. Camilo tocou no ombro de Olavinho e disse mentalmente para o garoto:

— Não tema, ele não está aqui para atacar seu pai. Preste atenção na história que ele contará, pois todos à mesa estão envolvidos nesta narrativa.

Juvenal esperou Camilo acalmar Olavinho e começou a falar:

— Tudo aconteceu em uma experiência anterior a essa. Estávamos todos juntos. Acredito que todos nós cometemos erros que foram sanados nesta existência. Peço desculpas para o dono dessas terras por cobrar uma promessa do passado. Tive de ser duro com Henrique para que ele cumprisse o que prometeu antes do reencarne.

Juvenal deu uma pausa e notou a curiosidade de todos os presentes para conhecer um pouco mais sobre sua narrativa.

— Eu era um pai de família, casado com minha amada Amélia. Tivemos duas filhas. Eu era um homem rude e acostumado a ser obedecido em decorrência das regras sociais vigentes à época. Não era de bom-tom a filha mais nova se casar antes da filha mais velha, que ficaria falada e dificilmente encontraria um bom partido. Toda uma fortuna estava em jogo, então, quando Eliseu fez a corte para minha filha mais nova Virgínia, eu fiquei furioso e fiz de tudo para acabar com os encontros escondidos do casal. Porém, o amor quando é proibido se torna mais forte e, assim, acabei ateando mais combustível à fogueira da paixão do casal.

"Eliseu era um jovem de boa família, considerado um partido excelente para qualquer moça da cidade. Mas eu fui um tolo. Uma noite, meus homens prenderam Eliseu no jardim de minha propriedade. O rapaz carregava uma mala que Virgínia havia jogado da sacada de seu quarto, os dois fugiriam para se casarem escondidos da família. Mandei dar uma forte reprimenda em Eliseu e o devolvi para a família quase morto.

"Não me orgulhava desse feito, sabia que Eliseu era um bom rapaz. Então, seu pai veio ao meu encontro pedindo-me reparação pelo que mandara fazer com seu filho. Eliseu insistia em se casar com Virgínia, e eu jamais permitiria esse casamento antes que minha filha mais velha se casasse. Assim, quando o pai dele fez o pedido, eu imediatamente dobrei o dote de minha filha mais velha. Sabia que, apesar de Eliseu ser um bom partido, a família passava por certa dificuldade, o que o obrigou a se casar com Valéria, minha primogênita.

"Virgínia ficou arrasada. Valéria não amava Eliseu, mas desejava se casar, pois as más línguas comentavam que ela havia passado da idade e seria solteirona para sempre.

"O casamento realizou-se ao meu gosto e paguei o dote para o noivo depois da cerimônia. Na noite de núpcias, Eliseu desapareceu da cidade levando com ele o dote e minha filha mais nova Virgínia. Mandei caçar os dois por todo o país.

"Valéria ficou tão desgostosa que aceitou se tornar uma noviça num convento distante de onde morávamos. Ela morreu por uma tristeza profunda presa naquele convento, pois não tinha vocação para ser freira. O sonho dela era ter muitos filhos e formar uma família ao lado de um bom homem.

"Eu me senti culpado por insistir no casamento. Por um capricho meu, que a sociedade exigia, acabei fazendo Valéria e Virgínia infelizes. Valéria culpou a irmã por acabar com seus sonhos felizes e passou a odiar Virgínia até o último dia de sua vida. Quanto a Virgínia, ela foi resgatada por meus capangas e trazida de volta à minha presença, mas estava desonrada, e eu a mandei para o convento, onde se tornou prisioneira até o fim de sua vida. Quanto a Eliseu, ele foi morto por meus homens em uma caçada desleal".

Novamente Juvenal fez uma pausa, estava muito emocionado ao relembrar o passado. Camilo renovou a energia de Juvenal, e assim ele continuou seu relato.

— Depois que regressei para o outro lado da vida, me cobrei por esse erro, e o resultado foi minha decadência. Acabei vivendo no umbral, um lugar sem iluminação solar, compatível com minha culpa e tristeza.

"Quando os espíritos sábios, que ajudam no planejamento de nova experiência terrena, me chamaram, eu estava muito infeliz. Eliseu estava pronto para voltar e viver outra experiência como filho de Valéria, que a faria superar o sentimento negativo que tinha a respeito dele. Eliseu encontraria Virgínia, e construiriam uma família. Juntos, todos superariam o laço de ódio entre as duas irmãs.

"Eliseu me perdoou pelo mal que fiz a ele e fez a promessa de unir as duas em uma convivência mais cordial, afinal, elas sempre se amaram e eram unidas pelo laço de amor familiar. Todos nesta mesa fizeram parte desta história, estávamos todos juntos. Se Eliseu levasse muito tempo para unir as duas, eu teria o direito de cobrá-lo firmemente, esse foi nosso acordo".

Juvenal parou de falar por alguns instantes. O silêncio era total, ninguém desejava interromper com palavras aquele momento. E Juvenal continuou:

— Foi o que fiz! Temos que agradecer a Camilo, que nos ajudou colocando as coisas nos devidos lugares. Agora posso seguir meu caminho sem o peso que consumia minha mente.

"Peço para que Virgínia e Valéria deem as mãos e falem uma olhando nos olhos da outra que nunca mais permitirão que o laço de amor que as une se torne novamente um laço de ódio mútuo".

Eunice e Neiva sabiam que o espírito que se comunicava através de João falava com elas. As duas deram as mãos e com todo o sentimento de seus corações repetiram as palavras ditas pelo espírito que outrora foi o pai delas. Lágrimas rolaram dos olhos dos presentes, inclusive delas e de Juvenal.

Ele sentiu que tudo estava bem com elas e se despediu agradecendo:

— Obrigado por compreenderem a importância de estar em paz com nossos irmãos e consigo. Deixo aqui um conselho de quem se torturou por muito tempo: não levem para o outro lado a culpa. Fiquem em paz com a consciência. O mental equilibrado é primordial para darmos passos no caminho evolutivo. Enfim posso regressar ao planeta e viver momentos felizes ao lado de minha amada Amélia. Ela já está a caminho. Fiquem todos na paz.

Foi desfeita a ligação energética entre João e o espírito de Juvenal. Ele estava satisfeito com a interpretação do médium. Naturalmente, João usou seu modo de se expressar, sua compreensão das palavras e dos sentimentos que ele captava do espírito. Olavinho olhou para o avô e disse:

— Foi perfeito, vovô, passou direitinho o que ele queria dizer! Eu também tenho esse tipo de dom? Os espíritos podem se comunicar atrás do meu campo energético?

— Talvez para você não exista essa necessidade de comunicação. Seu dom é mais amplo que o meu, você pode vê-los e ouvi-los diretamente.

Heloísa levantou a mão para pedir permissão para falar:

— Eu tenho uma dúvida: tudo foi esclarecido e parece que Camilo usou algumas pessoas para realizar a defesa de Eunice naquele incidente na sala de brinquedos. Até aí eu compreendi e estou realmente surpresa por ver como os espíritos podem interferir em nossas vidas. Mas ele disse que sua amada Amélia está a caminho e nesse momento senti meu bebê agitado dentro de minha barriga. Peguei a mão de Humberto e de Verônica, que estão ao meu lado, e as coloquei sobre minha barriga para que eles sentissem o bebê mexendo. Eles podem confirmar o que digo. Será que minha filha foi Amélia, a mãe de Virgínia e Valéria?

— É verdade, o bebê deu vários chutes — disse Verônica assustada.

Olavinho respondeu à pergunta depois de ouvir a resposta de Camilo:

— Tia Heloísa, sua filha, como todos aqui, fez parte desse passado que veio à tona para trazer amor a este grupo afim. Camilo brincou dizendo que a pequena é muito amada por alguém que deseja o reencontro.

Depois dessa revelação, João achou melhor encerrar a primeira reunião espiritual do grupo. Fez uma linda oração e finalizou dizendo:

— Estou faminto. Que tal servir o jantar, Verônica?

Todos se levantaram, os homens foram para a varanda e as mulheres para a cozinha externa para terminarem o jantar. As crianças foram para a sala de brinquedos. Todos continuaram comentando sobre a reunião.

Capítulo 31

Vinte dias decorreram com tranquilidade. O grupo estava bastante atarefado. Humberto e Eunice tomaram todas as providências para legalizarem a pequena fábrica de laticínios. A papelada burocrática e os possíveis clientes eram analisados pelos dois. Humberto corria para terminar tudo antes que suas férias chegassem ao fim.

Henrique contratou o serviço de Orlando novamente, para construir a fábrica de laticínios. O mestre de obras também assumiu a reforma da escolinha, construiria mais salas de aulas, um refeitório e um pátio com uma quadra coberta para as crianças terem espaço para praticar esportes.

Heloísa reabriria a escola depois de conseguir autorização de todos os órgãos competentes. Henrique fez o projeto para que as salas ficassem mais arejadas e a luz natural fosse mais bem aproveitada. A futura mãe contratou dois professores com bons currículos.

No final de janeiro, as salas estavam completas. Todos os moradores da fazenda e algumas crianças que viviam nas redondezas se matricularam na escola.

Neiva era professora aposentada do antigo ginasial e auxiliou a nora com algumas ideias.

Heloísa estava chateada por não poder aceitar alguns adultos, que não eram alfabetizados, e que procuraram a escola. Neiva comentou com a nora:

— Eu sou aposentada, nada me impede de voltar à ativa e ensinar os adultos. Se puder passar mais alguns meses na fazenda, seria maravilhoso me tornar a professora deles. Eu me sentiria muito útil.

Neiva colocou essa proposta depois de mais uma reunião de estudos espirituais do grupo. Acharam maravilhosa a ideia, mas olharam para Eunice, que daria a última palavra.

— Me parece que essa fazenda uniu realmente nossa família. Eu e Humberto somos sócios na fábrica de lacínios, Heloísa administra a escola, João se tornou um ótimo carpinteiro. Vejam a casinha da árvore que ele está construindo, está ficando lindíssima. As crianças adoram passar o dia com o avô, desisti de contratar uma babá para Fabrício, Francisca é a melhor babá que existe, e confio no vovô para ficar com Fabrício quando ela está de folga. A saúde de meu filho está ótima e, desde quando mudamos para a fazenda, ele não teve mais crises asmáticas. Henrique tem muito trabalho no escritório. Faltava nossa Neiva encontrar algo para fazer que ela gostasse. Será um grande prazer todos vocês morarem aqui na fazenda. A casa de hóspede deixará de ser para as visitas e se tornará um lar para nossa grande família. Espero que aceitem deixar o litoral para viverem no campo. Esse é meu convite e tenho o aval de Henrique para fazê-lo, não é, meu amor?

— Realmente será um prazer tê-los como vizinhos. Proponho que uma das casas na praia fique desocupada para quando sentirmos saudades do mar — disse Henrique esperando uma resposta dos pais e do irmão.

João apertou a mãos de Neiva e disse:

— Aceito viver no campo com vocês. Esta fazenda é um lugar maravilhoso para o vovô brincar com os netinhos. Deixo o quiosque da praia alugado para nosso mais antigo funcionário, como está, assim tenho uma pequena renda em meu nome. Nossa casa fica como casa de veraneio, passaremos férias agradáveis lá.

Humberto esperou Heloísa falar. Os olhos do rapaz revelavam desejo dele, e ela disse:

— Estou feliz com o convite. Ser a diretora da escola é meu maior desejo, fiz muitos planos para incentivar os alunos no aprendizado. Criar minha filha junto com os primos será delicioso. Quero muito ajudar meus pais, que vivem pagando aluguel na baixada santista, deixarei a casa que Henrique nos presenteou para eles cuidarem com carinho. Humberto pode exercer o que aprendeu na faculdade de administração de empresas e ser um sócio atuante na fábrica de laticínios. Aceito sua proposta, minha amiga. Preciso de uma boa maternidade para o nascimento de minha filha. Será que o plano médico que tenho atende em algum hospital de Atibaia?

— Se não atender, eu pago todas as despesas do parto, minha cunhada. Fique tranquila nesse sentido. Isso merece um brinde! Verônica, traga taças, pegarei um vinho especial na adega para brindarmos — disse Henrique transbordando de felicidade. Em seu íntimo, ele estava aliviado por deixar Eunice e as crianças na companhia dos parentes. Não gostava que a família ficasse sozinha na fazenda enquanto ele seguia para São Paulo, para trabalhar.

— Sim, patrão, para as crianças vou preparar suco de laranja geladinho.

As mulheres foram para a cozinha externa para ajudarem Verônica com as taças de vinho e os copos de suco. Henrique trouxe o vinho mais valioso de sua adega. Todos levantaram as taças tocando umas nas outras, os planos para o futuro não poderiam ser mais felizes.

Henrique nunca mais teve crises epiléticas, realizava exames regularmente, e o médico não encontrava nada de errado com a saúde do homem.

Pagando uma promessa que Eunice fez ao padre Luís, Henrique projetou um belo campanário para a igreja e fez questão de financiar e realizar a obra com todo o capricho. Para acelerar a construção, Henrique ensinou sobre construção civil para os trabalhadores da fazenda.

Terminada a obra, quando o sino tocou no campanário, padre Luís se emocionou com as badaladas. Agradeceu a Henrique e à sua equipe, colocando os nomes de todos os trabalhadores nas missas que realizou durante todo o mês de fevereiro.

Era uma tarde agradável de sol quando Heloísa começou a sentir as contrações do parto. Humberto e Neiva a acompanharam até a maternidade. Horas mais tarde, Júlia nasceu. Toda a família foi visitá-la, as crianças desejavam conhecer a priminha. Os pais de Heloísa vieram para visitar a filha e a neta e ficaram hospedados na casa de João, Neiva, Humberto e Heloísa. A casa era grande, com muitos quartos. Eunice, Neiva e Heloísa decoraram um deles com elegância e primor para ser o quarto do bebê. Elas também prepararam o quarto de hóspedes para receber os pais de Heloísa.

Eunice gostou do jeito simples e educado dos pais da concunhada. Rosa e Marcos permaneceram na fazenda por duas semanas e colaboraram com a recuperação rápida da filha após o parto. Quando partiram de volta para a cidade de Santos, deixaram saudades em toda a família, até mesmo Verônica sentiu a falta de sua companheira na cozinha, pois Rosa preparava deliciosos pratos que deixavam a família impressionada com o tempero dela. Antes de partir, Rosa ensinou algumas receitas e seus segredinhos para Verônica.

***

O tempo é implacável, nunca para. Quando se está feliz, ele decorre tranquilo e ameno; quando se está triste, o tempo não lastima os sentimentos de quem se importa com seu passar rápido. As crianças deixam de ser sorrisos e algazarras e se tornam adultos. E o tempo apenas passa. Às vezes, apaga as lembranças tristes. Invariavelmente, o tempo castiga o corpo físico, deixa as pessoas mais lentas e esquecidas de grande parte de sua trajetória na vida. Mas o amor sempre está presente quando uma família percebe a importância da união, sem implicância e picuinhas ínfimas.

E assim, dezesseis anos passaram rapidamente. Olavinho e Nivaldo se tornaram adultos; Verinha e a prima Júlia, filha de Heloísa e Humberto, se tornaram moças belíssimas, deixando Olavinho, Nivaldo e Fabrício preocupados com o assédio dos rapazes.

A convivência entre o grupo se tornou muito agradável, os filhos e as noras cuidavam com carinho de João e Neiva, que ficavam mais lentos e debilitados com a idade mais avançada.

Os alunos de Neiva ainda a procuravam na escola noturna. Verônica foi alfabetizada por ela e agora ajudava o casal a dar continuidade a essa tarefa nobre. João acompanhava e auxiliava no que podia. Muitos foram os adultos alfabetizados.

Arlete, a irmã de Eunice, deixava o filho passar as férias escolares na fazenda Vereda. Mateus ainda era muito pequeno quando se encantou por Júlia.

Arlete estava assustada com o sentimento forte que o filho demonstrava pela menina, e todos desconfiaram de que Juvenal estava de volta. Heloísa perguntou para Olavinho se Camilo havia confirmado suas desconfianças.

— Tia, Camilo disse que quem ama intensamente tem a possibilidade de se reencontrar com o ser amado e reviver esse amor. O sentimento, quando verdadeiro, surge forte e se torna impossível que o casal se afaste novamente. Se a vida permitiu esse encontro, é preciso vivê-lo em sua intensidade. Usei as palavras de Camilo.

— Obrigada, querido! Volte para a festa de aniversário de Nivaldo e fique de olho em Verinha, que também está de namorico com seu amigo.

— Nivaldo e Verinha! Eu não percebi nada, tia.

— Também não acreditava quando eu dizia que Francisca e Caio se casariam. Quem tem mediunidade aqui, eu ou você?

— Nós dois temos. Até que Nivaldo e minha irmã formam um casal simpático. Darei uma forcinha para eles.

— Cuidado, não deixe Fabrício perceber. Ele tem ciúmes da irmã.

— Esse menino tem ciúmes de todos nós. Ele precisa equilibrar melhor seus sentimentos. É muito apegado à família.

Henrique e Eunice observavam a festa animada, com os jovens dançando no meio do salão.

Olga e Arlete passavam alguns fins de semana na fazenda com os filhos. Arlete cuidava dos pais, que também estavam com idade avançada. No passado, ela não desistiu de Alex. Depois que o pai revelou as verdadeiras intenções do noivo, Arlete resolveu fugir de casa e se casou com o rapaz contra a vontade dos pais. O casal teve dois filhos, Mateus e Ana, nos dois anos que ficaram juntos.

Alex abandonou a esposa e os filhos para fugir com outra mulher. Arlete nunca mais se relacionou com outra pessoa.

Eunice convidou Henrique para dançar, e o resto da noite os dois passaram no meio da pista de dança, esquecendo-se do trabalho que absorvia mais da metade do dia de cada um deles.

Henrique e Eunice dançaram até sentirem um cansaço gostoso. Logo, eles se recolheram para o descanso merecido. O casal estava satisfeito por ter presenteado Nivaldo com a festa. O rapaz se tornou um funcionário excelente da fábrica de laticínios. Eles faziam gosto na união de Nivaldo e Verinha.

O laticínio se tornou um grande fábrica, Humberto decidiu retirar a fábrica da fazenda, compraram as terras vizinhas e construíram uma grande fábrica que atendia a todo o Brasil. A marca se tornou conhecida em todo o mercado brasileiro.

Pela manhã, Olavinho bateu na porta do quarto dos pais insistentemente. Eunice despertou assustada e levantou-se da cama o mais rápido que conseguiu.

— O que aconteceu, meu filho, por que nos acordou?

— Júlia não dormiu em casa depois da festa de ontem. tia Heloísa e tio Humberto estão nervosos à procura dela.

Eunice voltou para o quarto, trocou de roupa e despertou Henrique.

— Acorda, amor, seu irmão precisa de você! Acorda.

Henrique, um tanto sonolento, não compreendia com clareza as palavras de sua mulher e perguntou a Olavinho:

— Por que está parado na porta do quarto, meu filho? O que sua mãe está dizendo? Quem precisa de ajuda?

— Júlia desapareceu, pai, temos que encontrá-la.

— Deve estar com as amigas do colégio, ontem ficaram alteradas pelo efeito da bebida alcoólica que trouxeram para a festa. Todos sabem que não gosto que extrapolem na bebida.

— Pai, eu sinto que o caso é um pouco mais grave do que está imaginando.

— Camilo disse alguma coisa que levou você a essa conclusão?

— Não. Camilo ainda não se manifestou esta manhã. Precisamos procurar Júlia pela fazenda. Sinto que ela não saiu com as amigas depois do final da festa.

— Verinha está em casa? — perguntou Eunice, que estava no *closet*.

— Está, mãe, ela está dormindo tranquilamente no quarto dela. E Fabrício também está dormindo, no quarto dele.

— Olavinho, não gosto quando você fica com esse semblante contraído. Diga o que está acontecendo com Júlia. O que pressentiu, querido?

— Sinto uma energia negativa toda vez que penso nela. Tem algo errado com ela, mãe.

Henrique, que trocava de roupa no banheiro, escutou o que Olavinho disse a Eunice. Ele saiu do banheiro preocupado, pois sabia que quando seu filho sentia essa negatividade, não era nada agradável o resultado.

— Vamos ajudar a procurar minha sobrinha. Espero que Humberto não tenha contado nada para meus pais.

— Foi a vovó quem procurou por Júlia essa manhã e notou que a cama dela não fora desfeita. Eles estão lá embaixo preocupados.

O casal desceu as escadas, e Olavinho seguiu para o quarto de Verinha, pois precisava saber se ela tinha alguma notícia da prima. Bateu na porta do quarto e, como de costume, tentou abrir a porta virando a maçaneta, mas encontrou a porta fechada à chave.

Capítulo 32

Fabrício apareceu no corredor perguntando:

— A casa está pegando fogo, Olavinho, para bater dessa forma na porta do quarto de Verinha?!

— Sabe onde está Júlia?

— Não. Essa madrugada, quando deixei o salão de festa, não havia mais ninguém por lá. Fui o último a sair. Júlia saiu de lá mais cedo na companhia das amigas do colégio de Atibaia. Por que a pergunta?

— Júlia não dormiu em casa, e nossos tios estão preocupados. Se sabe de algo, é melhor dizer agora, Fabrício.

— Não sei de nada, eu estava com a Flávia, aquela loirinha bonitinha, amiga da Júlia.

— Sei quem é a moça. Ela foi embora antes de a festa terminar?

— Foi sim, o pai dela veio buscá-la.

— Onde estava quando um carro prata entrou na fazenda?

— Carro prata? Olavinho, entraram tantos carros na fazenda, muitos pais vieram buscar os filhos. Não sei de que carro está falando.

— Preste atenção, Fabrício. Tive uma visão: vi um carro prata de luxo, com os faróis apagados, que entrou na fazenda e estacionou próximo à igrejinha. Havia um homem alto, de cabelos claros, que desceu do carro e ficou espiando Júlia pela janela do salão de festa. A visão me mostra apenas isso, não consigo ver o que aconteceu depois.

— Homem de cabelos claros e um carro prata de luxo! Pensa comigo, meu irmão, quem se encaixaria nessa descrição?

— Não sei.

Verinha abriu a porta do quarto, e Olavinho entrou acompanhado de Fabrício. A moça logo respondeu:

— Ele está falando de Mateus, nosso primo. Ele se encaixa à sua descrição.

— Claro, ele é apaixonado por Júlia. Espere um pouco — Olavinho se abaixou, olhou debaixo da cama da irmã e continuou::

— Pode sair daí, Nivaldo.

— Não se pode esconder nada de você, Olavinho! Não diga para seus pais que passamos a noite juntos — pediu Nivaldo.

— Eu não digo nada. Verinha é maior de idade e, aliás, quando os dois se casarão? Essa história de se esconderam um no quarto do outro está ficando desagradável para nós que somos os irmãos da donzela cobiçada.

— Silêncio, meninos! Papai está subindo a escada. Volte para debaixo da cama, amor.

— Que nada, direi que também estou procurando por Júlia.

— Não faça isso, esconda-se do meu pai.

Henrique entrou no quarto dizendo:

— Não precisa se esconder, meu genro, todos nós sabemos que vocês se amam e ficam juntos quando as luzes do sobrado são apagadas. Pensam que não sei o que se passa em minha casa! Por sorte, sou um pai que se atualizou com a modernidade da juventude. Espero o casamento para breve.

Todos riram, e Nivaldo ficou constrangido. Os jovens desceram e foram procurar Júlia. Olavinho pediu para a irmã ligar para o celular da moça enquanto Fabrício ligava para o celular do primo Mateus.

Júlia não atendeu o celular, e Mateus atendeu a ligação depois de muita insistência de Fabrício.

— O que você quer, primo caipira?

— Quero saber se você está com minha prima Júlia?

— Por quê?

— Ela desapareceu da fazenda essa madrugada. Você esteve aqui?

— Não...

Olavinho pegou o celular da mão do irmão e disse firmemente:

— Sei que esteve na fazenda essa madrugada. Quero falar com Júlia agora. Sei que a levou daqui.

— Como pode saber? Lá vem o priminho com seus poderes mediúnicos. Quero que prove que estou com Júlia.

— Pare de bancar o inocente, me deixe falar com a moça.

Mateus, a contragosto, passou o celular para Júlia.

— Estou bem, Olavinho, não se preocupe comigo. Não tive tempo de avisar meus pais que saí com Mateus.

— Não tente amenizar o que ele fez. Mateus a tirou da fazenda à força.

— Não! Ele apareceu de surpresa na festa e me convidou para dar uma volta, entrei no carro e viemos para São Paulo.

— Pare com isso, Júlia, ele a forçou, eu vejo isso. O que está acontecendo com vocês? Quem estava dirigindo esse carro? Mateus é menor de idade e não pode dirigir um carro sem habilitação.

— Olavinho, por favor, acalme meus pais. Um amigo dele, que é maior de idade, dirigiu o carro. Mateus e eu nos amamos e vamos nos casar.

— Você tem 17 anos, ainda não terminou o ensino médio. Que casamento repentino é esse? Ele está a obrigando, Júlia?

— Não é isso, estávamos brigados por questão de ciúmes, sabe como ele é ciumento! Imaginou que na festa eu estaria com outro e me tirou de lá, estava muito nervoso, então achei melhor acompanhá-lo. Esta tarde estaremos de volta à fazenda, avise meus pais, por favor.

— Avisarei. Tia Heloísa está desesperada, procurou seu corpo até na cachoeira. Seu pai está aflito. Sabe o quanto é amada, minha prima?

— Eu sei, querido, não se preocupe. Acalme a todos, estou bem.

Júlia desligou o celular e começou a chorar.

— Você deixou todos preocupados. Por que não confia em meu amor? Não precisava me tirar de casa daquela forma.

— Tive medo de que você conhecesse outro e me deixasse. Você sabe o quanto a amo, Júlia. Se você me trocar por outro, sou capaz de morrer de amor. Não suporto a ideia de viver distante de você, sinto tristeza, e sei que isso já aconteceu antes.

— Não aconteceu. Praticamente fomos criados juntos na fazenda. Você estava lá todos os fins de semana e nas férias escolares. Não ficamos distantes nunca nesta vida. Que medo descabido é esse, Mateus?

— É amor, Júlia. Eu te amo tanto que sinto dores em meu peito, não fique brava comigo.

— Estou preocupada com esse amor descontrolado que sente, não é normal amar assim. Você precisa da ajuda de um profissional, prometa que fará terapia para equilibrar seus sentimentos, Mateus. Tudo em você é exagerado! Se ama, ama desmedidamente, se tem ciúmes, tem sem controle. Chega! Não suporto mais seu desequilíbrio emocional. Procure por ajuda ou não me procure mais.

Mateus abraçou Júlia e fez a promessa de procurar um terapeuta. O rapaz levou a namorada para almoçar na casa de Olga e passou o domingo abraçado à moça. Depois, levou Júlia de volta para a fazenda na companhia de um amigo, que dirigiu o carro de Arlete. Era noite alta quando chegaram a Atibaia. Mateus desejava evitar uma conversa com os pais de Júlia.

Quando o carro passou pelo portão da fazenda Vereda, Olavinho se aproximou do veículo, que estacionou no caminho encoberto pelo grande flamboyant rosa. O amigo, que conduzia o veículo, desceu e se distanciou para que o casal conversasse a sós. Ele não percebeu que Olavinho estava se aproximando.

— Abra, quero falar com você, primo.

O vidro foi aberto, e Júlia desceu do carro se despedindo. Olavinho entrou pelo lado do carona e perguntou:

— O que pensa que está fazendo com minha prima?

— Sabe que amo Júlia, estou cuidando do que é meu.

— Como é tolo! Não percebe que agindo dessa forma perderá sua amada. Quer que ela o ame ou tema você? Por que age como um marginal?

— Não fale assim comigo. Você é meu primo mais velho e eu o respeito, mas em matéria de amor o que você sabe? Nunca o vi com uma mulher. O que pode saber do amor, Olavo Alencar?

— Sei muito mais do que você imagina, tenho um amor tão grande quanto o seu, mas preciso me controlar e respeitar minha amada.

— Onde está essa pessoa? Deve viver em outro mundo, porque neste você sempre esteve sozinho.

— Ela vive em uma dimensão mais elevada, e isso não impede nosso amor.

— Quer dizer que ama alguém que já morreu?

— Não é bem assim, ela há muito tempo não vive no planeta Terra. Estamos separados por muitas galáxias.

— Você sempre foi esquisito, mas realmente essa eu não esperava. Amar alguém que nem sequer vive em nosso planeta. O que você é, Olavinho? Uma espécie em extinção?

— Esqueça o que disse sobre mim. Você não tem o direito de levar Júlia como um sequestrador. Fiz o que pude para evitar que meu tio fosse dar queixa na polícia. Ele ficou furioso com você. Quando estiver mais calmo, sugiro que peça desculpas pelo que fez. Júlia é uma moça doce e ingênua, não a faça sofrer com seu ciúme doentio. Precisa de ajuda, Mateus, procure um psicólogo ou um psiquiatra.

— Prometi a Júlia que farei isso.

— Você e suas promessas. Eu lhe disse que um dia o cobraria quando fizesse uma promessa. E fique ciente de que cobrarei com o mesmo rigor que você cobrou.

— Eu nunca cobrei promessa de ninguém! Ficou doido, Olavinho? Do que está falando?

— Nada, às vezes, Camilo gosta de brincar. Foi ele quem disse essa frase por meu intermédio. Só lhe digo uma coisa: se prometeu, é melhor cumprir. Camilo disse que cobrará sua promessa. Procure o mais rápido que puder por um profissional da área. Promessa é dívida...

Olavinho saiu do carro, e o amigo do primo retornou para o veículo, e eles voltaram para São Paulo. Mateus estava intrigado com o que o primo lhe disse. Sabia que o espírito de nome Camilo estava ao lado do primo desde quando ele era criança, e ele sempre cumpria o que prometia.

Mateus ficou amedrontado com o que ouviu de Olavinho e, ao chegar em casa, entrou na internet e procurou por um terapeuta até alta madrugada, não encontrou nada que lhe agradou, e acabou deixando para depois.

Capítulo 33

Dois anos se passaram, Mateus continuava apaixonado por Júlia e o ciúme do rapaz aumentou quando ela entrou na faculdade. Ele não cumpriu a promessa de procurar por um psicólogo. Camilo estava sempre atento ao comportamento do rapaz.

Ele insistia por meio de Olavinho que Mateus precisava procurar ajuda psicológica. De tanto Olavinho insistir, o rapaz pediu a ajuda de uma amiga que estudava psicologia na mesma faculdade que ele estudava odontologia.

Mateus levou a colega para tomar uma cerveja no barzinho na frente da faculdade. Ele estava envergonhado para fazer o pedido, pois era muito reservado quanto aos seus sentimentos. Aline, a amiga, se sentiu lisonjeada com o convite, pois desde que conheceu o rapaz ficara encantada com a beleza dele e fez o possível para ser notada, porém, o máximo que conseguiu foi uma amizade.

Ela tentou todos os truques de sedução que conhecia, mas nada fez Mateus mudar o sentimento em relação à amiga. Em uma conversa mais descontraída, ele acabou confessando que era apaixonado por uma moça de nome Júlia. Aline ficou triste e procurou tirar Mateus do coração, mas, diante do convite, novamente ela ficou cheia de esperança de ganhar um espaço no coração do rapaz.

Mateus segurou as mãos de Aline, e ela estremeceu esperando uma declaração de amor. Ele timidamente perguntou:
— Você conhece um bom terapeuta para me indicar?
Aline não conseguiu disfarçar a decepção ao ouvir uma pergunta simples, que muitos amigos faziam porque ela estudava Psicologia. A moça respondeu:
— Conheço muitos psicólogos, pode me falar um pouco mais sobre o que está o afligindo, assim posso indicar um amigo ou uma amiga que será fera para seu caso.
— Não se trata do meu caso. É para um primo meu, ele anda louco de ciúmes da namorada.
— Quem sabe se esse seu primo mudar de namorada se sentiria mais tranquilo e confiante ao lado de outra mulher.
— Creio que ele não faria isso, ele ama a moça, mas se sente inseguro imaginando que ela pode deixá-lo de uma hora para outra. Teme que ela se apaixone por outro...
— Esse seu primo realmente precisa fazer terapia, não se valoriza. Não se pode obrigar alguém a ficar do nosso lado. Essa desconfiança toda gera dor e tira a paz do casal. É preciso ficar equilibrado e ser confiante, todos temos valor.
— Esse é o caso. Ele ama essa mulher desesperadamente. Não é um amor calmo, que traz paz. Ele está realmente desequilibrado, precisando de ajuda. Tem alguém para indicar?
— Tenho, analisando grosseiramente o caso, posso dizer que esse seu primo é uma pessoa que exagera nos sentimentos, não tem um ponto de equilíbrio e ultrapassa todos os limites em nome do amor que sente. Essa moça deve estar realmente cansada, convivendo com esse seu primo inseguro, possessivo e ciumento.
— Ela está muito cansada, e eu temo que o deixe colocando um fim no namoro de infância.
— Nossa! Então é pior do que eu pensei. Ou ele trata essa doença, que é o ciúme, ou ficará sozinho. Mulher alguma suporta um homem ciumento fazendo cobranças o tempo todo. É exagero da parte dele.
— Eu sei, gostaria que ele fosse diferente. Esse sentimento está conturbando toda sua vida.

— Faço ideia! Ligue para Clarisse, é uma professora que deixou a faculdade o ano passado para se dedicar mais aos seus clientes. Ela é ótima, e você vai gostar dela, ou melhor, seu primo vai gostar dela.

— Imaginou que sou eu quem sofre por ciúme? Não...

— Não precisa explicar nada, Mateus. Oferecer ajuda faz parte da profissão que eu escolhi. Se cuide, meu amigo, agora preciso voltar para a faculdade, pois tenho duas aulas importantes.

— Obrigado por me ouvir.

— Não foi nada. Sempre que precisar, venha me procurar. E se desejar uma nova namorada, estou na fila, gatinho. Fique bem. Não seja tão exagerado e possessivo.

Mateus ficou corado e abaixou a cabeça para não responder ao comentário desagradável de Aline.

A semana passou rápida, e Mateus acabou esquecendo novamente a promessa de procurar com urgência um terapeuta.

Camilo continuava observando o comportamento de Mateus, e notava que a personalidade do rapaz não se alterou com o passar do tempo, ele continuava com as mesmas manias que apresentava na erraticidade. Era preciso que ele modificasse velhos hábitos. Cada pequeno erro cometido, era como se tivesse cometido o pior dos crimes, o exagero na cobrança se tornava cada vez mais implacável. Mateus cresceu e se tornou um jovem belo e disputado pelas mulheres, mas ele só tinha olhos para sua amada Júlia, que era uma moça linda e cheia de alegria de viver. E com ela cometia as piores cenas de ciúmes, constrangendo-a.

O ciúme de Mateus tirava o brilho de Júlia, e aquele compromisso estaria no fim se as coisas continuassem da mesma forma. A moça o amava, mas estava cansada e assustada só de pensar em passar o resto de sua vida ao lado de um homem que tolhia toda sua liberdade.

Mateus apagou do celular o número da psicóloga, que Aline havia passado para ele. As brigas por ciúmes continuaram todos os fins de semana na fazenda.

Camilo avisou Olavinho que agiria para corrigir uma falha grave em um amigo e disse para o rapaz não ficar penalizado com o que estava para acontecer. Usou uma frase convencional para explicar ao amigo:

— Tudo tem um motivo. Às vezes, sentir na pele o que se impôs a outrem permite o despertar com maior rapidez.

Olavinho sentiu que Camilo se referia ao comportamento de Mateus. Conhecendo a história de sua vida passada como Juvenal, o cobrador de promessas, desconfiou de que Camilo usaria o poder que Juvenal lhe ofertou quando disse que poderia ser cobrado se não cumprisse o prometido, que era ser mais equilibrado ao lado de Amélia, agora Júlia.

***

Em uma tarde de domingo, todos estavam descansando após o almoço. Mateus e Júlia ficavam sempre mais afastados do grupo familiar, estavam em uma rede na varanda do sobrado. Verônica, Francisca e Caio, entre outros amigos, estavam ali mais afastados do casal, conversando animadamente. Todos estavam acomodados nas diversas poltronas que João montara artesanalmente, com madeiras das podas das árvores, que ele cultivava com carinho. Eram belas e confortáveis poltronas, com almofadas coloridas que Verônica e Neiva costuravam com capricho.

Neiva e Eunice serviram a sobremesa na varanda depois do delicioso almoço oferecido na cozinha externa do sobrado. Mateus encheu a colher de mouse de maracujá com chocolate para levar à boca quando sentiu algo estranho nas mãos, que tremiam involuntariamente. Ele tentou levar a colher até a boca mas não conseguiu. O rapaz ficou pálido e não conseguiu falar, balbuciando sons estranhos.

Júlia se assustou notando a palidez do namorado e tirou a taça de cristal da mão dele antes que ela se espatifasse no chão junto com o corpo dele, que caiu da rede se contorcendo em um ataque epilético.

Todos se assustaram. Henrique sabia bem como Mateus estava se sentindo, correu para aliviar a pressão das vias respiratórias do sobrinho.

Júlia se levantou da rede e não sabia o que fazer. A cena não era nada agradável de se ver. Heloísa e Humberto afastaram um pouco a filha do rapaz, que estremecia no chão.

Olavinho tentava acalmar Fabrício, que ficou muito impressionado ao ver o primo naquele estado.

— Fique calmo, Fabrício, ele ficará bem, daqui a poucos minutos. Não entre em pânico. Sei que é assustador vê-lo se contorcer e não poder fazer nada para ajudar. Papai teve algumas crises dessas. Você não se lembra, pois era muito pequeno.

— Mateus está morrendo! Ajudem meu primo!

— Ele não está morrendo, ficará bem. Entre e traga uma jarra de água gelada e alguns copos, estamos precisando molhar a garganta.

Fabrício obedeceu ao irmão e levou Júlia com ele dizendo:

— Precisamos ficar calmos, ele ficará bem. Me ajude a pegar água gelada. O susto foi grande para todos.

Júlia chorava e Fabrício abraçava a prima com carinho. Ela pediu para chamar Olavinho e perguntou a ele:

— O que está acontecendo com Mateus? Diga a verdade, você não me pareceu surpreso com esse ataque epilético. Sabia que isso estava para acontecer? Camilo te avisou?

— Está tudo certo, querida, fique calma. Seu namorado ficará bem. Camilo não me disse nada.

— Você não sabe mentir, Olavinho, está constrangido. Diga a verdade, eu também sentia que algo estava para acontecer com Mateus.

— Camilo está aqui e disse que promessa é dívida.

— Não compreendo o que está dizendo! Mateus fez alguma promessa?

— Fez antes de reencarnar. Às vezes, pedimos para que os amigos nos lembrem das mudanças que precisamos fazer para viver em paz. Os desafios vêm quando se faz necessário.

— Isso me recorda uma história que vovó Neiva me contou sobre seu pai.

Júlia narrou em poucas palavras a promessa que o espírito cobrou de Henrique. A moça comparou um caso com o outro e tirou uma conclusão:

— Mateus tem um compromisso a cumprir! O que será que ele prometeu?

— Você fez ótimas deduções. Camilo me disse que tudo entrará nos eixos e que, às vezes, é preciso sentir na pele o que foi imposto a outros. Afirma que tudo ficará em seu devido lugar, a vida sempre dá um jeito de vencer os obstáculos que colocamos.

Júlia voltou para a varanda e encontrou Mateus sentado na poltrona confortavelmente. A respiração estava tranquila, a crise havia passado. Júlia ficou mais calma e permaneceu ao lado dele acariciando os cabelos do rapaz.

Capítulo 34

Naquele domingo, Henrique não permitiu que Mateus regressasse para São Paulo sozinho, o sobrinho havia tirado a habilitação e conduzia o carro da mãe, indo e vindo para a fazenda todos os fins de semana.

Henrique sabia que esse ataque tirava o senso de direção da pessoa. Mateus não estava em condições de dirigir.

Humberto e Heloísa ajudaram a colocar Mateus no quarto de hóspedes no sobrado, como era o desejo de Eunice. Ela queria estar próxima do sobrinho, sabia que Arlete viria até a fazenda o mais rápido que pudesse quando soubesse do ataque epilético do filho.

Júlia desejava ficar ao lado do namorado, mas Humberto não deixou que ela permanecesse sozinha com Mateus no quarto. Então, Fabrício fez questão de ficar com o primo, pois entre os dois havia pouca diferença de idade e desfrutavam de uma boa amizade.

Verinha convidou a prima para dormir em seu quarto, assim, Júlia estaria próxima de seu amado.

Olavinho deu um passe energético no primo para amenizar o estado semicatatônico. Os músculos ainda estavam contraídos indicando o grande esforço que realizaram durante a crise. Ele estava com câimbra na panturrilha direita.

Eunice entrou no quarto depois do passe que Olavinho aplicou no primo, e Mateus perguntou:

— Tia, o que está acontecendo comigo?

— Teve um ataque epilético, meu querido, já passou. Liguei para sua mãe avisando que você não voltará para casa esta noite.

— Ela ficou muito preocupada?

— Arlete está vindo para a fazenda.

— Sozinha?

— Não, com o namorado.

— Essa não, tia! Não quero voltar para casa no mesmo carro que aquele homem.

— Não aprova o namorado de sua mãe?

— Sabe com quem ela está mantendo um relacionamento sem compromisso?

— Não. Quando ela vem à fazenda, não traz o namorado, fala que ele trabalha nos fins de semana. Não sei quem é o namorado de minha irmã.

— Creio que o conheça, tia. Ela está de novo com o canalha do meu pai.

— Você está brincando!

— Não estou. Ela colocou novamente o canalha dentro de nossa casa, não suporto a presença dele! Está toda semana por lá.

— Meu pai sabe disso?

— O que o vovô pode fazer a respeito? Ele também se afastou de nossa casa, agora visita somente tia Olga e, às vezes, vem passear aqui.

— Que desgosto minha irmã causa a todos nós! Nunca pensei que isso aconteceria novamente.

— Se prepare, tia. Alex está a caminho da fazenda.

Henrique estava seguindo pelo corredor e não pôde deixar de ouvir o que Mateus revelava para Eunice. Ele entrou no quarto expressando indignação em seu rosto e disse:

— Não quero esse safado em minha casa. Eunice, não o deixarei entrar.

— Meus queridos, não vamos agir como crianças. Penso que está na hora de ficarmos em paz com Alex. Afinal, ele é pai de Mateus. Manteremos o bom senso. Sabemos que nada é por um mero acaso. Henrique, deseja acertar as contas com Alex em outra vida?

— Não seria nada agradável conviver com esse idiota em outra experiência terrena. Me desculpe falar desse modo de seu pai, Mateus.

— Tudo bem, tio, não considero Alex meu pai. Ele desapareceu quando eu era muito criança. Todas as vezes que me recordo de um pai fazendo algo bom, eu tenho a sua imagem, tio, em minha memória, não a de Alex. Sei que ele não é uma pessoa que se possa confiar.

Eunice desejava ver a harmonia entre todos os membros de sua família. Ela disse:

— Vamos mudar a estratégia, Mateus. Quer mesmo deixar uma lacuna quando seus filhos perguntarem pelo avô paterno? Que tal quebrar essa barreira hoje, e vivermos todos em paz? Não deixe a energia densa e pegajosa da mágoa criar um caminho até seu corpo físico, isso pode causar graves doenças. Não leve a vida nessa seriedade. Sabemos quem é Alex e estamos cientes de sua irresponsabilidade. Por que esperarmos mais de uma pessoa que só tem aquilo para oferecer?

Olavinho, Fabrício, Vera e Júlia retornaram para o quarto de hóspedes onde os pais estavam conversando com o sobrinho, e Olavinho disse:

— Minha mãe está se tornando uma sábia. Ela tem toda a razão. Criamos uma ilusão com as pessoas que ainda têm pouco para oferecer. Entramos no papel de juízes de sua conduta errônea. Julgamos e condenamos sem ter esse poder. Sou da opinião de que temos o direito de escolher quem caminhará ao nosso lado. Tia Arlete escolheu Alex, não sabemos os motivos por detrás dessa escolha, talvez esteja em reconciliação de desavenças pretéritas. Não nos cabe julgar.

Júlia, usando sua sensibilidade mediúnica, falou:

— Creio que está na hora de nos reconciliarmos com o passado. Não tratem Alex com demérito. Ele é o que é, o que pode ser. Cabe a Arlete escolher se deseja ou não ficar ao lado dele. Ela também tem consciência da fraqueza da personalidade do namorado. Não peço que aceitem conviver com ele, trazendo-o para o seio de nossa família; podemos apenas ser cordiais e compreender que aquela pessoa, que está no caminho evolutivo, ainda não aprendeu o suficiente. Ninguém é obrigado a conviver com o desafeto, mas podemos quebrar uma barreira que colocamos nesse caso. O amor sempre vencerá. Estar em paz com nossos inimigos é dar exemplo de evolução.

— Compreendi. Vocês estão com a razão. Eu guardei muito rancor em relação a Alex. Ele é o que pode ser, e quero vencer esse sentimento tolo. Realmente não se pode esperar mais de alguém que tem pouco para oferecer, ele percorre um caminho difícil na evolução, como qualquer um de nós, que trilhamos também o mesmo caminho para nos tornarmos seres melhores do que somos. Não que eu seja evoluído! Não é isso, não me sinto assim, mas posso fazer melhor do que fiz há vinte anos. Serei cordial com essa pessoa, afinal, sou um homem civilizado e faço parte de um grupo espiritualista que estuda a melhor forma de se viver. Eu quero ser feliz e estava escolhendo o caminho da raiva. Obrigado, meus amores, eu estava falhando.

— Meu pai, estou orgulhoso, você enfim compreendeu a necessidade de estarmos em paz com todos os nossos desafetos enquanto estamos no caminho com eles. Depois, a separação é inevitável pela vibração de cada um. Estamos aqui neste planeta vivendo em uma dimensão onde todas as vibrações se misturam, e encontramos irmãos que estão iniciando sua jornada evolutiva. Em contrapartida, existem irmãos que estão experienciando o aprendizado em estágios mais avançados. Essa diversidade de níveis evolutivos oferta aos mais avançados na escola da vida uma oportunidade de provarem a si mesmos que aprenderam a lição. Os mais atrasados trazem os desafios, e a vida nos convida para fazermos nossas escolhas, tudo é uma questão de escolha. Se deseja realmente viver em paz e ser feliz, precisa mostrar a si mesmo que é capaz de fazer melhores escolhas pela paz e seguir no amor que sua consciência permitir.

Uma lágrima rolou pela face de Mateus. Enfim, ele compreendeu que estava exigindo muito de seu progenitor, que não fez a melhor escolha para colaborar com a vida.

Por não receber afeto de Alex, Mateus jamais foi capaz de ofertar afeto. Menosprezava-o com raiva e não percebia que Alex não tinha o que ele desejava de um pai. Julgou e condenou o pai com rigor, cobrava algo de alguém que não tinha nada para oferecer.

O rapaz se conscientizou de que ele próprio escolheu entrar na ilusão, e a desilusão foi o resultado de sua escolha. Se tivesse o conhecimento que adquiriu com a convivência com o grupo de estudos espiritualistas, não sofreria esperando mais de seu pai, ficaria na realidade e não machucaria seus sentimentos filiais. Sabia que a mãe também estava na ilusão, esperando algo de Alex que ele não poderia dar, por não ter maturidade evolutiva ainda.

Júlia acariciou o rosto de Mateus secando as lágrimas do rapaz com carinho e falou:

— Me parece que esse ataque foi providencial para acordamos de nossas ilusões e de nossos preconceitos obtidos por conceitos sem lógica fraternal. Vamos agradecer a Camilo por essa experiência que passamos, e espero que não seja preciso repetir a dose em outra ocasião, no futuro. Melhor aprender a lição agora, meu amor. Seja como for, Alex é seu pai, o homem que ofertou material biológico para que você pudesse entrar neste planeta e viver novas experiências. E, quer saber? Podemos estar cada um em um nível evolutivo e ainda assim o mais evoluído não deixa de ser, neste momento, um ser humano, vivendo em um planeta de natureza feroz. Temos que dar as mãos uns aos outros e seguirmos em frente, somente assim teremos aproveitado bem a oportunidade de vivermos aqui. Tenho a utopia de viver em um mundo onde as pessoas se respeitem e tenham consciência de que tudo que existe aqui pertence a todos nós. Cuidar bem se si e do pedaço que ocupamos é nosso dever na Terra.

— Compreendo, amor, o que está dizendo, eu sou o único responsável por meu bem-estar. Faço parte de um grupo de seres que receberam a classificação de humanos, que habitam um planeta lindo, que foi colocado aos nossos cuidados. Como julgar alguém se ainda não conseguimos compartilhar como espécie humana? Somos ainda tão pequenos diante de um universo gigantesco — disse Mateus.

O interfone tocou. Eunice sabia que era Arlete. Depois de atendê-lo e abrir o portão, a dona da casa falou para todos:

— Vamos descer para recebê-los com cordialidade, é o mínimo que nossa educação nos cobra. Eu sinto algo especial aqui dentro do meu peito, penso que seja por ter feito a escolha de amar meu próximo e ficar bem com minha consciência.

Todos desceram, Olavinho e Fabrício ajudaram Mateus a descer a escada. Ele ainda estava trêmulo e com o estômago enjoado.

Capítulo 35

Arlete entrou aflita no sobrado, e Alex ficou parado na varanda na frente da entrada, estava envergonhado por retornar à fazenda depois de simular o encontro amoroso com Eunice há quase vinte anos. Ele olhou para ela através da cortina de uma janela, que estava aberta, seu coração disparou dentro do peito. O tempo passou, mas Alex não esqueceu Eunice e não conseguiu tirar do coração o amor que sentia por ela.

Pensou em retornar para o carro, para não sentir a dor de ver a única mulher que amou nesta vida nos braços de outro.

Alex dava os primeiros passos em direção ao carro, que estava estacionado na frente do sobrado, quando Henrique surgiu na varanda e o cumprimentou:

— Como vai, Alex?

Ele parou e lentamente se virou sem acreditar no que estava ouvindo. Henrique perguntou:

— Você está bem? Deve estar cansado de dirigir, venha tomar um pouco de água fresca antes de voltar para São Paulo.

— Estou bem, obrigado pelo convite.

— Como está meu filho? Ao telefone, Eunice disse que ele teve um ataque epilético.

— Ele está bem agora, entre, venha ver com seus próprios olhos.

— Não. Mateus e eu não temos um bom relacionamento, melhor não o incomodar com minha presença.

— Não será incômodo. Penso que está na hora de vocês se entenderam, afinal, são pai e filho.

— Gostaria dessa aproximação, mas ele não compreende a fraqueza que tenho por mulheres bonitas. Abandonei a mãe dele sem dar explicações, fui um irresponsável, como ele gosta de jogar na minha cara. Ele me julga um canalha da pior espécie. Melhor deixá-lo em paz.

— Venha, Alex, não tema ser julgado por seu filho. Quanto ao coração, ele, às vezes, nos prega peças. Me mostre um só homem que não se encantou por uma mulher bonita.

— Você também passou por isso?

— Claro que sim, eu fiquei louco de amor e nunca mais me afastei dela.

— Está falando de Eunice, realmente, é uma linda mulher. Você teve sorte por ela tê-lo escolhido na juventude.

— Eu sei disso, sou um homem muito sortudo por ter quem amo ao meu lado. Posso te dar um conselho?

— Diga.

— Você também tem sorte de ter filhos maravilhosos. Mateus e Ana são pessoas de brio. Tente ficar próximo deles, não fique na defensiva. Quando estiver com eles, deixe seu amor paternal aflorar e veja o resultado.

— Está me pedindo algo muito difícil, pois eles estão sempre me agredindo, cobrando pelo abandono do passado.

— Tente ao menos com Mateus, seja mais receptível e verá que as pessoas mudam, amadurecem. Entre e dê um olá para seu filho.

Muito desconfiado, Alex ultrapassou a porta e ficou parado no rol de entrada. Eunice veio apertar a mão dele e o conduziu até o sofá, onde Mateus estava sentado.

Eunice sentiu que Alex estava com as mãos frias e trêmulas. Ela se aproximou com ele do sofá e ficou olhando para Mateus, que compreendeu o olhar da tia.

Mateus tentou se levantar para abraçar o pai, mas não conseguiu com rapidez, o que levou Alex a abaixar e abraçar o filho demonstrando seu carinho.

— Como está, filho?

— Melhor.

— Você cresceu tanto desde a última vez que o vi.

— Faz muito tempo, pai. Ana também é uma moça saindo da adolescência. Você se manteve jovem.

— Diferente de sua mãe, não é, Mateus? Olha como envelheci por ter a responsabilidade de criar meus filhos longe do pai irrespon...

Eunice tirou Arlete da sala, puxando-a pelo braço sem disfarçar e a levou até a cozinha.

— Por que fez isso?

— Não percebeu que eles iniciaram uma aproximação entre pai e filho?

— Mateus jamais aceitará esse homem como pai — disse Arlete triunfante.

— Não faça isso com seu filho. Não sabe que é importante para ele ficar em paz com o pai?

— Pai sou eu! Criei meus filhos sozinha e não precisei desse homem para nada.

— Você tem seu mérito, minha irmã, fez um bom trabalho. Mas isso não muda o fato de Alex ser o pai biológico de seus filhos, isso você nunca conseguirá mudar. Então, seja mais leve e tente aceitar a verdade.

— Eu aceito a verdade! Alex me trocou por outra mulher e ele sempre amou você, Eunice! Eu fui apenas mais uma na vida dele.

— Sua mágoa depois de tanto tempo deveria ser mais branda, sinto que está com muita raiva por ele ter deixado você. Abrande esse coração, minha irmã, deixe o passado lá atrás, onde deve ficar. Passou, não volta mais, escolha ficar bem e em paz.

— Como se isso fosse apenas uma questão de escolha! O que faço com minha dor? Finjo que não existe?

— Se não der mais importância, ela desaparece, teria desaparecido com o tempo, mas você fez questão de alimentá-la diariamente, deixando-a cada dia mais forte. Essa dor se tornou uma muralha, que você usou para não deixar outras pessoas se aproximarem de você. Está fazendo o mesmo com seus filhos, impede que eles perdoem o pai e tenham um relacionamento sadio com ele.

— Não quero que fiquem juntos agora, estão crescidos e não precisam mais desse pai para nada. Alex voltou para tentar resgatar o amor de meus filhos! Ele não conseguirá nunca!

— Não compreendo. O que você está fazendo do lado dele?

— Estava carente, e Alex é bom de cama. É só sexo, mais nada.

— Não posso recriminá-la por isso, mas poderia estar com outro homem e deixar Alex longe de sua intimidade. Esperou por quase dezenove anos para dar o troco, não foi?

— Quero que ele fique louco de amor e, assim, eu darei o chute certeiro e acabarei com ele como fez comigo, me deixando no chão quando partiu.

— Arlete, você não é mais uma menina inconsequente. Essa vingança pode feri-la profundamente. Use seu amor-próprio, minha irmã. Se quer dar uma chance para serem felizes, seja sincera com ele. Não tente fazê-lo sofrer, você acabará se machucando novamente, o amor que está preso em seu peito pode explodir em ódio. Entre o amor e ódio há uma pequena distância, o ódio é o amor que enlouqueceu.

— Me deixe em paz, Eunice, não quero mais falar sobre isso, quero voltar para casa e levar meu filho a um bom hospital, em São Paulo, ainda esta noite. Deixe Alex comigo, eu me entenderei com ele.

Eunice ainda tentou fazer Arlete se alimentar antes de partir, sentia que ela estava muito nervosa. Mas não havia nada que detivesse a mulher.

Alex aceitou tomar uma xícara de café e, com isso, acabou selando a paz com Henrique e Eunice.

Os três partiram apressados, Mateus estava retomando a cor. A palidez o deixou depois do beijo de despedida de sua amada Júlia.

Todos foram para a cama e adormeceram sentindo que algo pesado havia se desfeito aquela noite.

Eunice e Henrique tiveram encontros agradáveis com amigos espirituais. Todo o grupo, que estudava junto, trabalhava no resgate de espíritos doentes, que vagavam perdidos no umbral, porém, essa noite não houve resgate. Eles foram levados para uma festa em um nível mais elevado do que estavam acostumados a visitar. Nesse momento de descontração, Eunice e Henrique não compreendiam por que foram recebidos naquele lugar belíssimo.

Camilo se aproximou do casal e explicou:

— Estão vendo aquela cidade iluminada lá embaixo?

Os dois assentiram, e Camilo, segurando a mão deles, falou:

— Meus queridos, vocês eram moradores daquela cidade antes de reencarnar. Como tiveram progresso, que hoje festejamos com vocês, poderão ser moradores em um nível mais elevado de vibração quando retornarem, pois criaram condições por mérito para serem habitantes desta cidade. Quando concordaram em perdoar e esquecer, desfizeram uma nódoa escura e negativa que estava em volta dos dois. Deram um passo singelo mas significativo para adentrar outro patamar evolutivo. É assim que se evolui, meus amigos.

— Camilo, nós deixamos o ciclo reencarnatório? — perguntou Eunice.

— Não, ainda não, mas não é impossível deixá-lo, continuem purificando seu ser. Quando retornarem, retornem puros, leves como crianças e, quem sabe, depois de uma terapia rápida com nossos psicólogos, consigam subir a escada que liberta os espíritos do ciclo das encarnações.

— Imagine, Henrique, vivemos sem a necessidade de retornar para o planeta Terra! Ter um corpo leve e luminoso será maravilhoso. Não acha, meu amor?

— Não voltar para Terra nunca mais? Eu amo aquele planetinha azul. Onde mais poderia ser criança novamente? Essa é a parte mais divertida de reencarnar, eu tive muitas infâncias felizes.

Camilo caiu na risada e concordou dizendo:

— Realmente, a infância é algo especial na Terra, mas ser dependente não é nada agradável. Imaginem se sentirem leves como quando eram crianças e serem, ao mesmo tempo, responsáveis por si mesmos! Viver em um lugar bonito onde a felicidade é uma constante em seu peito. Vocês não têm ideia como é divertido viver em um lugar assim. Na Terra, a infância é bela, porém, em contrapartida, se tornar um espírito mais evoluído é incrível, tudo aqui é mais fácil e a felicidade é real. Um dia, vocês compreenderão o que digo.

Eunice acordou com o despertador do celular tocando ao lado de sua cama, o mesmo ocorreu com Henrique.

Animados, os dois saíram da cama, a sensação era muito agradável, pois traziam as boas recordações do que imaginavam ser um sonho. Tiveram a certeza de que aquele dia seria muito agradável. Dessa forma, os dois abriram espaço para a energia positiva entrar e coroar mais um dia de trabalho.

Capítulo 36

Eunice continuava trabalhando na fábrica de laticínios ao lado de Humberto e Nivaldo, o braço direito dos dois na administração.

Nivaldo se mostrou um excelente funcionário, desde a adolescência, quando entrou para trabalhar lá. Eunice e Humberto também convidaram Olavinho e Verinha para se unirem a eles, mas os dois preferiram se dedicar aos estudos, para depois iniciar a vida profissional.

Verinha estava cursando engenharia como seu pai, adorava elaborar prédios em grandes condomínios. A faculdade que cursava era próxima ao escritório de Henrique, em São Paulo.

Todas as tardes, ela estudava como as coisas funcionavam na prática no escritório de engenharia e agora também na construtora. Henrique se orgulhava da filha, que seguia a mesma profissão que ele. Estava feliz por saber que sua empresa seria herdada por Verinha quando ele se aposentasse. A filha se mostrava muito competente nas opiniões que dava sobre os trabalhos que analisavam. Ele percebia que os olhos dela brilhavam quando o ajudava em um projeto.

Olavinho preferiu estudar psicologia e se tornar um terapeuta. Era dessa forma que ele gostava de ajudar as pessoas que o procuravam no centro espírita, que o avô fundou na cidade de Atibaia. O rapaz trabalhava como voluntário e médium. Nos dias que ele ministrava palestras, o salão se tornava pequeno para tantas pessoas que compareciam ao centro.

Olavinho se dividia entre estudar e atender às pessoas que desejavam se consultar com o médium vidente.

Ele se mostrou um excelente psicólogo, reunia as crianças para ensinar a elas o equilíbrio entre a mente e os sentimentos.

Naquele final de tarde, depois de atender seus clientes em seu consultório, Olavinho chegou ao centro espírita para fazer uma palestra, que foi anunciada boca a boca pela cidade de Atibaia. O auditório estava repleto de pessoas, e do lado de fora a fila era muito grande e virava a esquina.

Ele olhou para a fila, havia rostos conhecidos. Olavinho perguntou para si mesmo o que todas aquelas pessoas desejavam ouvir de seus lábios. Que carência era aquela de palavras de conforto, que eles não davam a si mesmos? Não valorizavam cada segundo do dia. Olavinho não gostava da forma como as coisas estavam seguindo, não queria se tornar um guru para aquele povo, notava que muitos estavam se tornando dependentes de sua mediunidade.

Camilo apareceu ao seu lado e disse:

— Quer mudar a forma de organizar nosso trabalho? Pare de recusar os convites para palestrar em outras cidades. Ficando aqui, atrairá apenas a multidão que se apegou à sua vivacidade energética.

— Tem razão, meu amigo, não posso ficar falando sempre para as mesmas pessoas, tenho que diversificar os ouvintes de nossa palestra. Aqui estou me tornando um ponto turístico. Aceitarei os convites que vierem.

— O planeta é grande, e as mensagens espirituais precisam ser divulgadas.

— Tenho os meus clientes no consultório. O que fazer com eles quando precisar viajar?

— Vamos iniciar com viagens curtas. Sua estrela tem que brilhar em diversos pontos do planeta azul. Sabe que a carência de informações é incontestável. Façamos nossa parte, meu amado garoto.

Neste momento, o celular de Olavinho tocou. Era Mateus pedindo ajuda, ele havia tido mais um ataque epilético, naquela manhã, no hospital que estava internado.

— Se acalme, primo, conversarei com Camilo, e vamos ver o que pode ser feito em seu caso. Melhor largar o drama. Olhe para a vida com os olhos de paz, não se cobre tanto, aprenda a lição com mais rapidez. Sem exageros ou dramas, você prometeu que faria tudo para mudar essa caraterística em sua personalidade. Já o aconselhei a procurar uma ajuda alternativa, já que os médicos não encontram um motivo físico para as crises. Essa história está parecendo com a do meu pai quando eu era criança.

— Quero que você me atenda, primo. Perdi o número do telefone para contato com outro profissional, que uma amiga me deu na faculdade, anos atrás. Seria constrangedor interpelá-la a esse respeito novamente.

— Não posso! Estou envolvido demais com sua história de vida, não seria ético de minha parte atendê-lo. Darei o contato de dois amigos que vivem em São Paulo.

Olavinho passou o número e finalizou a ligação. Logo mais, entrou no centro e se dirigiu para o palco dando início à palestra. Ao final, as perguntas eram sempre iguais e das mesmas pessoas. Olavinho indicava alguns livros para as pessoas esclarecerem suas dúvidas, o rapaz não gostava da dependência que se criou ali.

Aquela noite, Olavinho voltou para casa cansado da mesmice que sua vida havia se tornado. Encontrou Fabrício na sala de música dedilhando seu violão, era a antiga sala de brinquedos, que fora reformada pelo irmão. Fabrício, observando o irmão, disse:

— A escolha é sua. Quer sair da mesmice ou não?

— Quero, não suporto mais repetir as palavras para as mesmas pessoas todas as semanas, elas não me escutam! Não compreendem!

— E pra quê se esforçariam para compreender a lição? Não precisam se esforçar no aprendizado. Essas pessoas têm você ali, dando uma mãozinha a elas sem que precisem de qualquer esforço.

— Seu mentor também é da mesma opinião? Acabei mimando esse povo. Preciso mudar minha rotina, tenho de viajar palestrando a outras pessoas que precisam de uma palavra amiga e dos ensinamentos que os espíritos trazem.

— As férias estão chegando. Aceite o convite para palestrar em Portugal e na França. Eu irei com você para te dar uma força. Posso ser seu assessor, o que acha?

— Ótima ideia! Sei que sempre posso contar com meu irmãozinho.

— As passagens chegaram essa manhã. Fiquei feliz, prevendo nosso encantamento nos velhos castelos europeus, que visitaremos. Sabe como gosto de construções antigas. Estão sempre cheias de espíritos que gostam de assustar os visitantes. Será divertido assustá-los também.

— Eu sei. Então, meu assessor, faça contato com nosso contratante, reserve o hotel e vamos mudar esse marasmo que minha vida se tornou. Quer mesmo assustar os espíritos que vivem nos castelos antigos?

— Quero me divertir por lá, Olavinho. Sinto que passaremos uma temporada muito agradável na Europa. Mamãe e papai serão contra nossa partida.

— Você estará de férias da faculdade, e eu preciso de ajuda por lá. Não tenho muito jeito para programar uma agenda.

— Pense somente no trabalho, eu organizarei sua agenda e reservarei horários para passeios turísticos e encontros com as gatas europeias.

— Essa parte é agradável, mas sabe que eu sou comprometido.

— Tudo bem, eu não tenho compromisso com ninguém fora do planeta. Fico com as gatas, e você conversa com elas abrindo suas mentes.

— Ótimo, agora vou tomar um banho e dormir, amanhã me mostre o que planejou para nós. Boa noite, Fabrício.

— Boa noite. Espere, meu irmão, me veio uma sensação forte agora, tive a certeza de que você terá uma grande surpresa na Europa.

— Estranho! Também venho tendo sensações fortes nesse sentido, algo me diz que terei um encontro inesperado com alguém especial na Europa.

— Seu mentor Camilo deve estar preparando uma das suas. Chego a ficar arrepiado. Se prepare, Olavo Alencar, sua vida se modificará bruscamente. É o que minha sensibilidade mediúnica me afirma.

— Tenho isso como verdade absoluta. Fique tranquilo, essa mudança não será para outra dimensão, ainda tenho muitas tarefas para realizar neste planeta. Meu prazo de validade ainda não terminou.

— Fiquei mais calmo agora. Melhor dormir, até amanhã.

Durante a madrugada, Olavinho saiu de seu corpo físico e percorreu o espaço até outra dimensão para encontrar sua amada Dora. Esses encontros deixavam Olavinho cada vez mais apaixonado e feliz. Dora era um espírito evoluído que deixou o ciclo das encarnações e ocupava as dimensões mais elevadas. Os dois estudavam e trabalhavam no mesmo setor de resgates de espíritos. Por essa razão, estavam sempre juntos.

A moça era encantadora e despertava em Otavinho um amor profundo, que foi alicerçado em diversas experiências vividas na Terra, em vidas passadas. Dessa forma, ele era muito feliz e não desejava uma companheira terrena.

Naquele encontro, Olavinho percebeu que Dora estava diferente, estava mais radiante. Ela soube que Olavinho havia aceitado viajar para Portugal. Dora disse a ele:

— Meu segredo será revelado, meu amor, espero não decepcioná-lo quando chegar a hora, que anseio há muito tempo.

— O que quer dizer com isso, Dora?

— Aguarde e verá, amor. Terá uma grande surpresa quando desembarcar em Portugal. Não quero adiantar nada.

— Estou curioso, espero que não seja uma revelação muito forte, meu coração não quer sofrer, já basta a distância que vivemos um do outro.

— Espere pelo melhor.

Capítulo 37

Mateus acordou atordoado pela última crise epilética, estava no leito de um hospital renomado, vários exames foram realizados para descobrirem a causa da crise, mas nada até o momento foi encontrado de errado em seu organismo. Todos os exames mostravam que ele desfrutava de muita saúde.

Uma semana havia se passado e, naquele fim de semana, Mateus não iria para a fazenda como de costume, continuava internado no hospital.

Júlia pediu para Humberto levá-la até o hospital, para visitar o namorado. O pai estava cansado, mas notando os olhos inchados de tanto chorar da filha, não teve como negar essa pequena viagem até São Paulo. Heloísa ficou em casa fazendo companhia para Neiva e João, os dois gostavam de jantar cedo e seguirem para escolinha para dar aulas aos adultos, que ainda procuravam pelo curso noturno de alfabetização.

Uma vez por semana, Heloísa e Humberto levavam Neiva e João para o centro espírita, os dois assistiam as reuniões, e João participava ativamente dos trabalhos, devido à sua mediunidade.

Quando terminava a sessão, toda a família seguia para uma pizzaria e se confraternizava. Eunice e Henrique adoravam estar juntos com os seus nesses momentos.

Eunice havia aprendido a gostar e convivia bem com Neiva. As duas, às vezes, causavam ciúmes em Heloísa, pois estando tão próximas uma da outra, descobriram muitas semelhanças. Na verdade, Heloísa afirmava que as duas eram incrivelmente parecidas.

Era sexta-feira, Júlia e Humberto não participariam da sessão no centro, estavam a caminho de São Paulo. A moça comentou com o pai:

— Você se lembra dos ataques epiléticos do tio Henrique?

— Sim, querida, você ainda não havia nascido, lembro que morávamos no litoral naquela época. Sabe que esses ataques e o estado crítico de seu tio nos deixaram desesperados, então, por fim, decidimos que seria melhor ficarmos todos próximos como uma só família. Assim, nossa vida começou a se modificar. Eu e Eunice abrimos a fábrica de laticínios, o dinheiro entrou, nosso negócio prosperou e hoje temos uma vida tranquila e com qualidade, com a natureza batendo à nossa porta.

— Parece que todos se modificaram diante da doença do tio.

— Verdade, muitas coisas se modificaram em todos nós. Eunice e minha mãe resolveram um caso de vidas passadas e hoje são grandes amigas. Seu tio Henrique e sua tia Eunice, que estavam se separando, reataram o casamento. Eunice acabou aceitando a mediunidade de Olavinho. As coisas se modificaram para melhor à nossa volta. Mas por que a pergunta?

— É que o caso de Mateus se parece muito ao que o tio Henrique sofreu. Será que tem dedo da espiritualidade nesses ataques?

— Os amigos espirituais estão sempre por perto, tentando apontar o melhor caminho para seguirmos, mas somos nós quem escolhemos a direção que seguiremos e acabamos colhendo os frutos que semeamos, tudo é uma questão de escolha.

— Pai, às vezes, sinto que Mateus está colhendo algo que plantou no passado. Mas como pode? Ele não se recorda de nada sobre a vida passada!

— Comparando o caso de Mateus com o do meu irmão, lembro que na época foi revelado que Henrique, antes de nascer, fez uma promessa a um amigo de ajudar a unir sua avó e sua tia Eunice, que foram irmãs em uma vida passada. Entre elas havia um laço de amor que acabou se transformando em ódio. Um espírito envolvido nesta história do passado veio cobrar Henrique, e assim as crises epiléticas aconteceram. Ele não despertava, ficava em um estado catatônico.

— Essa hipótese me passou pela cabeça. Esse espírito, que cobrou a promessa do tio, reencarnou. Não é verdade?

— Camilo disse que sim, ele desejava ficar ao lado de sua amada....

— Eu sei do que se lembrou, pai... Eu também tenho mediunidade forte, papai. Tenho algumas lembranças do passado, elas vêm como um filme em minha tela mental. Eu fui Amélia e Mateus só pode ter sido...

— Juvenal! Claro, agora ficou nítido, não queria que soubesse de toda essa história para não presumir sobre o passado. Vamos esquecer isso, essa conversa não existiu.

— Papai, eu sei quem fui. Mateus provocou as crises no tio Henrique e hoje está provando o fruto amargo que semeou antes de reencarnar. Ele tem de que se conscientizar do que fez para que essas crises parem de acontecer, pois os médicos não encontraram nada errado com sua saúde física.

— Não sei se esse é o caminho certo, porque há um motivo para ele está passando por isso. Fazer revelações sobre o passado não é uma boa ideia, filha. Podemos cometer um erro grave com a mente de Mateus.

— Sabe o que vem à minha mente? É que Mateus prometeu ser mais equilibrado e parar de exagerar em seus sentimentos. Sabe que ele é extremamente ciumento, em tudo tem exagero, ele é trágico. Precisa procurar um psicólogo e fazer terapia. Minha sensibilidade mostra que esse será o caminho para a cura dele.

— Ele trouxe esse exagero de quando era Juvenal.

— Admite que ele foi Juvenal na vida passada, pai?

— Como esconder de você o que já sabe? Seu namorado trouxe algo que provou a todos de nossa família a certeza de quem ele foi no passado.

— O que ele trouxe?

— Um grande amor por você. Podemos duvidar de muitas coisas na vida, mas do amor que ele tem por você eu não duvido. Desde criança, não saía do seu lado. Você era bem pequena, se lembra disso?

— Do bebê que se jogava em meus braços, eu me lembro bem e, muitas vezes, faço brincadeiras com ele a esse respeito, que o peguei no colo. Mesmo não sendo tão mais velha assim que Mateus.

— Quando o bebê olhava para você, os olhinhos dele brilhavam, e podíamos notar a emoção no rostinho de Mateus. Conforme ele cresceu, isso foi ficando muito mais claro, e eu e sua mãe estávamos sempre de olho nas brincadeiras dele com você. Ele gostava de beijá-la.

— Eu sei, pai, muitas vezes trocávamos beijinhos escondidos de todos, eram beijos infantis, sem maldade.

— Nós sabíamos, filha. Mas sabe o que me preocupa em Mateus? O ciúme que sente de você. Ele a sufoca com aquele ciúme.

— Eu amo Mateus, desejo me casar e ter filhos com ele. Quero dividir minha vida inteira com meu amor. Mas tenho medo de sofrer demais pelo ciúme doentio, ele é muito inseguro.

— Não quero me meter em sua vida, mas isso não melhora somente por sua vontade de mudá-lo. Ele é o que é! Está disposta a pagar o preço dessa união?

— Estou, o amo demais e sei que sou amada. A vida está dando um ultimato para Mateus procurar ajuda e se modificar. Talvez depois dessas crises epiléticas, sem causa física, a família dele possa se modificar também, como a nossa se modificou no passado.

— Talvez esteja certa. Você, Fabrício e Olavinho vivem me surpreendendo com a mediunidade. Temos uma família de médiuns, que teve início com seu avô. Creio que os meus netos quando chegarem serão torres de transmissões mediúnicas, não apenas antenas como vocês.

Júlia sorriu da brincadeira de Humberto, e os dois continuaram conversando até chegarem ao hospital. Humberto fez questão de entrar com a filha para visitar Mateus.

Quando pai e filha entraram no quarto, Mateus abriu um sorriso para Júlia e seus olhos novamente tinham o mesmo brilho que Humberto notara quando Mateus era criança. O casal trocou beijinhos nos lábios e ficaram de mãos dadas se olhando com carinho.

    Humberto ficou pouco à vontade quando notou que na varanda do quarto estavam Alex e Arlete, que vieram cumprimentá-los. O homem se lembrou dos conselhos de Camilo e tratou de modificar o modo como tratava Alex, por seus erros do passado. Foi cordial, tentando tirar da mente aquela imagem do passado. Não foi fácil modificar o que a mente registrou como uma pessoa perigosa e negativa. Praticou alguns exercícios que aprendeu no centro e conseguiu parar de julgar e condenar Alex.

    Depois de meia hora de conversa, Humberto notou que Alex havia se modificado e não era mais o canalha que foi no passado.

    Pai e filha ficaram quase duas horas com Mateus. Era tarde da noite quando Humberto pegou novamente a estrada de volta para o interior.

    Mateus estava bem aquela noite e prometeu para Júlia que iniciaria o tratamento psicológico quando tivesse alta do hospital, o que aconteceria na segunda-feira.

Capítulo 38

Mateus cumpriu o que prometeu à sua amada, ele estava frequentando a clínica que Olavinho indicou a ele, não faltava às sessões e, a cada dia, se mostrava mais tranquilo e calmo. A ansiedade e o ciúme não o atormentavam como antes e, aos poucos, o rapaz se tornava um homem mais equilibrado.

***

Júlia sabia que havia um grave motivo para o namorado passar por essa experiência. Havia conversado com Camilo para expor a certeza de que Mateus era a reencarnação de Juvenal.

No início, Camilo evitou confirmar as suspeitas de Júlia, mas ela foi insistente e muito objetiva. Em uma reunião com os familiares, que ocorria uma vez por mês no sobrado, a moça trouxe a questão como pauta para ser discutida como aprendizado. Heloísa ficou assustada ao ouvir a filha dizer que Mateus era a reencarnação de Juvenal, pois com o tempo ela havia se esquecido desse detalhe.

Na mente de Heloísa, o espírito de Juvenal era realmente muito atrasado, por ter habitado o umbral, e ela desejou que aquele namoro terminasse imediatamente. Camilo interveio antes que Heloísa, como mãe zelosa, se opusesse àquele compromisso.

— Vamos acalmar os ânimos, peço que o grupo não julgue nosso irmão. Juvenal reencarnou como eu havia dito quando o caso de Henrique foi resolvido. Contei que Juvenal reencarnaria e estaria feliz com sua amada Amélia.

"Eu sabia que chegaria esse momento. Júlia descobriu que foi Amélia, a mãe de Valéria e Virgínia, que reencarnaram e receberam o nome de Neiva e Eunice. Não vejo nada demais nossas irmãs saberem um pouco mais sobre o que viveram no passado se é para o aprendizado e a resolução de alguns conflitos. Creio que serviu para grande aprendizado de todos. Eliseu cometeu erros no passado, que foram corrigidos nesta nova experiência como Henrique. Será que o estou constrangendo falando sobre seu passado, meu irmão?

— Não, creio que não é segredo para ninguém aqui o que aconteceu em nosso passado. Contamos para as crianças quando cresceram um pouco mais, creio que foi um aprendizado para nosso grupo dar início aos estudos.

— Peço novamente que não juguem nosso irmão Mateus, ele está fazendo o melhor que pode para superar hábitos que ficaram contidos em sua personalidade e no subconsciente. Juvenal vivia sim no umbral, e posso afirmar que é caminho obrigatório da maioria dos espíritos que deixa o planeta Terra. Lá é um lugar de depuração das energias nocivas dos espíritos.

— Seria como a Terra? Aqui cada um está em uma faixa vibratória. Nós escolhemos, dentro da mistura de vibrações, em qual desejamos permanecer. No umbral também temos essa mistura de vibração em diversos níveis?

— Sim, Júlia, mas o que realmente prevalece é a vibração negativa mais densa. Para que vocês compreendam, é um lugar para depuração e limpeza energética. Aquele que segue para o umbral depois de desencarnar permanece ali para limpeza, às vezes, é preciso chafurdar na lama para poder se reerguer com força e determinação. Aquele que usa a força para deixar o passado para trás, está mais apto a se tornar um morador de cidades com uma vibração deliciosa para se viver.

— No caso de Juvenal, foi explicado que ele permaneceu no umbral por não reagir. Ele sentia culpa por um erro que cometeu e acabou se tornando um morador de um lugar nada agradável. O tratamento psicológico, que foi cobrado de Mateus, é um passo para a sua mudança? Assim conseguirá seguir o caminho para a evolução? Estou certa, Camilo?

— Certíssima, Júlia. Mateus finalmente reagiu e foi procurar ajuda. Não julgue nosso irmão por conhecer seu passado. Com o reencarne, Juvenal saiu de cena e quem atua na vida como personagem principal é Mateus.

"Todos temos oportunidades na experiência terrena, aquele que as aproveita, evolui. Vocês não têm ideia de quantas são as oportunidades que os mestres espirituais dispõem para a evolução humana, mas que são perdidas. Agradecemos ao Criador por Mateus aproveitar a oportunidade que surgiu em seu caminho, ele poderia ter feito outra escolha e se negar ao tratamento que prometeu realizar".

— Promessa! Isso é muito grave! Eu aprendi a não fazer promessas nunca mais. A cobrança é pesada.

Todos riram com as palavras de Henrique, e Camilo não perdeu a oportunidade de brincar com ele.

— Meu amigo, quando era Eliseu, fez muitas promessas, e será cobrado por outros amigos espirituais.

— Não fale isso nem brincando! Esse Eliseu era ignorante e não sabia o que estava fazendo! Eu aprendi a lição. Se prometer, é melhor cumprir, não quero ser cobrado em uma próxima encarnação. Não prometo mais nada.

Todos riram novamente, e o ambiente se tornou mais leve e agradável. Heloísa acabou se esquecendo da preocupação com o namoro de sua filha. Henrique continuou relatando, na intenção de deixar claro, os seus sentimentos sobre a experiência que teve no passado.

— Quanto ao meu sobrinho Mateus, quero que saibam que tenho por ele um amor paternal, não permiti que ficassem em meu coração mágoas pelo que passei anos atrás. O espírito de Juvenal foi um amigo que conseguiu com seu jeito torto unir nossa família de tal forma que hoje o amor está presente entre nós.

Camilo deu a reunião por encerrada e se despediu do grupo carinhosamente.

No final da reunião, Olavinho pediu que todos ao redor da mesa fizessem um brinde com os copos de água que foram servidos.

— Brindemos a mais uma etapa de aprendizado que vivemos juntos, e eu sou grato a toda nossa família por me ajudar a desenvolver um trabalho espiritual no centro espírita. Foram proveitosos os anos que passei com todos vocês ali dentro. Mas chegou a hora de dar passos mais largos na tarefa que me cabe na Terra. Comunico que, na próxima segunda-feira, iniciarei junto com Fabrício uma longa viagem para o exterior. Quero levar um pouco do que aprendemos às outras pessoas que buscam e necessitam de aprendizado. Não posso mais ficar preso ao centro espírita nesta cidade, pois são sempre as mesmas pessoas que me procuram e estão se tornando dependentes de minha mediunidade. Eu também prometi divulgar a outros povos os ensinamentos dos espíritos. Brindemos à nossa partida e a um breve regresso, pois esta fazenda sempre será o ponto de partida e chegada de nossa excursão.

— Filho, tem mesmo que nos deixar?

— Tenho que fazer meu trabalho, mãe, nunca a deixarei ou a todos vocês, nós somos uma família e sempre estaremos unidos por afinidades e amor. Onde quer que eu vá, levo minha família em meu coração.

— Fabrício também seguirá nessa viagem, meu neto?

— Ele deseja me ajudar, vovó. Não se preocupe, eu cuidarei bem do meu irmão. Conhecerá outras culturas e garanto que será proveitoso para nós dois essa jornada.

— Estou ficando triste. Meus meninos estão partindo!

— Estaremos de volta, mamãe, assim que for possível. Não fique triste.

Todos brindaram, deram por encerrada a noite e se recolheram às suas casas e aos seus quartos. Não havia como evitar a tristeza pela longa viagem dos rapazes.

Capítulo 39

Na manhã seguinte, Eunice acordou cedo para cumprir meio expediente na fábrica de laticínio, pois um empresário canadense estava disposto a fechar um contrato com a fábrica para dar início à exportação dos produtos.

Humberto e Eunice estavam aguardando a chegada do empresário quando Henrique entrou na sala de reuniões dizendo:

— Faço questão de presenciar esse acordo entre vocês e o canadense. Estou muito orgulhoso dos dois e também de você, Nivaldo, pois fizeram um bom trabalho com o leite que sobrava da ordenha da fazenda. Parabéns, amigos, se mostraram grandes empreendedores.

— Obrigada, amor, realmente nós temos nosso mérito. Trabalhamos duro, e o resultado é o progresso da região em decorrência do nosso sucesso.

— Isso é verdade, tio Henrique, a pessoa tendo um bom emprego e uma boa escola se torna um cidadão de bem. Sou testemunha do muito que fizeram para nossa comunidade — disse Nivaldo.

— Por falar em escola, o senso realizado em nosso bairro e nos arredores provou que o número de analfabetos nesta região é quase inexistente. Temos que dar esse mérito para mamãe e papai. Eles fizeram um ótimo trabalho, não acha, Henrique? — concluiu Humberto.

— Os dois foram incansáveis, mas tem alguém que recebeu um prêmio da melhor escola do município: Heloísa inovou o método de ensino e se destacou entre os educadores.

— Eu não teria conseguido sem sua ajuda, meu cunhado, que doou para nossa escola os computadores conectados à internet — Heloísa havia entrado na sala de reuniões a tempo de ouvir o comentário de Henrique.

— Se todos os patrões fossem como vocês, nosso país estaria em melhores condições para se viver — concluiu a educadora.

— Que bom que veio, amor! Hoje todos nós merecemos uma festa para comemorarmos nosso sucesso. O que acham?

— Não estou em condições para participar de festas. Meus filhos viajam amanhã cedo para Portugal. Só de pensar em ficar longe deles, sinto um aperto no coração — desabafou Eunice.

— Liberte seus filhos, cunhada. Para quê sofrer se eles estão seguindo em uma linda missão? O prometido precisa ser cumprido, eles estão seguindo o caminho certo.

— Tem razão, Humberto, é que como mãe desejava tê-los ao meu lado.

— Ainda temos nossa Verinha. Essa ficará por perto, não é, Nivaldo? — falou Henrique sorrindo e olhando para o rapaz, que ficou corado e comentou:

— Não deixaremos esta cidade que amamos. Depois de nosso casamento, estou pensando em comprar um terreno aqui perto, para construir nossa casinha.

— Este menino vale ouro! Nos dará a oportunidade de paparicarmos nossos netinhos. Que boa escolha fez minha Verinha aceitando se casar com o melhor genro que uma mãe pode desejar.

Nivaldo ficou ainda mais ruborizado, e Heloísa fez caretas brincando e abraçando Nivaldo com carinho.

Todos ficaram conversando por mais meia hora até que o canadense foi anunciado pela secretária, que estava ali somente para recebê-lo.

Henrique e Heloísa ficaram quietos e afastados da mesa de reuniões. O contrato foi assinado e toda a parte burocrática terminou. Os sócios convidaram o canadense para conhecer o funcionamento da fábrica.

Ao se aproximaram do galpão principal, Eunice ouviu o barulho das máquinas ligadas e comentou com Humberto:

— O que está acontecendo? Hoje não temos expediente, as máquinas deveriam estar desligadas.

— Também não estou compreendendo o que está acontecendo.

Eles abriram a porta e se surpreenderam com todos os funcionários trabalhando, para demonstrarem ao canadense como funcionava a fábrica de laticínios. Eunice falou baixinho, próximo à orelha de Nivaldo:

— De quem foi a ideia de trazer os funcionários à fábrica hoje?

— Eu pensei que seria mais agradável para nosso cliente ver a fábrica em funcionamento. Fiz mal?

— Olhe para ele, está muito curioso com o que está vendo. Você foi incrível, meu genro.

No final da visita, o canadense saiu da fábrica muito satisfeito com o contrato que havia fechado.

Todos voltaram para a fazenda, que ficava ao lado da fábrica. Nivaldo encontrou sua amada na casa de Francisca e Caio. A moça não gostava de ficar sozinha no sobrado, e os irmãos haviam seguido para o centro espírita, para apanhar alguns pertences que precisavam para a viagem. Depois, fariam algumas compras na cidade.

Verinha estava deitada na cama de Francisca brincando com o pequeno Saulo, filho de Francisca e Caio. Nivaldo entrou sorrateiro no quarto e tapou os olhos de sua amada, que tocou as mãos do rapaz e disse:

— Conheço estas mãos, só pode ser do grande pescador, que por acaso é meu amado.

— Realmente me conhece, não é, Verinha?

— Cada pedacinho, afinal, crescemos juntos, o conheço a minha vida toda.

— Você tinha apenas quatro anos quando nos conhecemos. Se lembra de tudo?

— E você tinha somente seis anos quando me conheceu. Se recorda de tudo?

— De todos os detalhes, você era enjoada e muito carinhosa. A menina mais bonita que brinquei na infância, na adolescência e na juventude. Minha Verinha.

Os dois se beijaram apaixonadamente. Francisca entrou no quarto e tirou Saulo da cama sem que o casal notasse sua presença. Ela fechou a porta e levou seu bebê para almoçar na casa de Verônica.

***

A vovó beijou o neto com carinho e perguntou a Francisca:
— Sabe onde está Nivaldo? Ele está demorando para o almoço.
— Ele está ocupado, mãe. Terminou o almoço?
— Está tudo pronto. Onde ele está? Esse menino precisa vir se alimentar, acordou muito cedo, mal tocou no café da manhã e saiu correndo para a fábrica.
— Ele não está trabalhando, ficou em minha casa com Verinha.
— Não pode! E se ele fizer uma loucura com a menina? Vou buscá-los.
— Não, mãe! Nivaldo e Verinha são adultos, não são mais crianças. Deixe-os namorar em paz, é amor que existe entre eles.
— Filha, não pode! A menina é a filha dos patrões! Não quero ser mandada embora da fazenda.
— Fique tranquila. Verinha não engravidará se não desejar, ela sabe como prevenir uma gravidez. Ela toma anticoncepcional.
— Nossa. Eunice sabe disso?
— Sabe, mãe, ela levou a filha ao ginecologista, e ele receitou anticoncepcional. O amor deles é muito bonito, veio da pureza da infância.
— Você acha tudo bonito! E se o pai dela descobrir? Estaremos perdidas!
— Pare, mãe, já está na hora de ver que o mundo mudou, não existe esse preconceito todo, está colocando obstáculos em algo natural. O sexo é algo natural e bonito, mãe! Não é pecado e não está errado se as duas partes desejam praticá-lo, basta ter

responsabilidade e usar preservativos, e com amor entre os dois é muito mais gostoso.

— Faz tanto tempo que seu pai foi embora que falar de sexo me deixe corada. Estou parecendo uma tola, não é verdade?

— Mãezinha, deveria abrir mais sua mente para a realidade que vivemos, estamos no século 21. Não há nada de errado no sexo, e a senhora deveria encontrar um companheiro para se divertir. O tempo não para, mãe, e não podemos perder tempo para ser feliz.

— Não quero ninguém, estou bem sozinha. Tenho você, Saulo, Caio e Nivaldo ao meu lado.

— Tudo bem, mãe, estamos aqui, mas tem alguém que vive elogiando você para meu marido. Ele está sozinho, e a senhora também está sem um companheiro há muito tempo.

— Quem é esse?

— O pai do Caio, ele é viúvo há dez anos. Teremos uma comemoração no sobrado esta noite, e estou pensando em convidar meu sogro. O que acha?

— Convide. Moacir anda realmente muito solitário, e tenho certeza de que ele gostará da nossa festa. Os meninos partem amanhã cedo.

— Eu sei, sentirei falta deles. Adoro esses meninos que ajudei a criar.

Verônica serviu o almoço para Francisca e Caio e, quando Nivaldo chegou com Verinha, ela colocou a mesa novamente, estava alegre de ver sua família reunida ao seu lado.

***

Quando a noite caiu, tudo estava pronto para comemorarem o contrato de exportação e se despedirem de Olavinho e Fabrício.

Eunice não estava muito disposta, sofria por antecipação a ausência de seus filhos. Henrique foi até o quarto onde ela terminava a maquiagem em frente ao espelho.

— Vamos descer, amor, todos estão esperando por nós.

— Não estou contente com esse desfecho que a vida está me impondo, quero meus filhos por perto.

— Não seja egoísta, os filhos seguem caminhos diferentes dos pais, sempre foi assim. Eles precisam viver a vida deles. Liberte-os, Eunice.

— Ficarei muito solitária sem eles.

— Não está sozinha. Eu não conto para você? Estou ao seu lado, e Verinha também está.

— Ela logo se casará com Nivaldo, e os dois partirão da fazenda.

— Não creio, Nivaldo disse que está negociando a compra de um terreno no condomínio aqui ao lado. Seremos vizinhos.

— Você conta muito estando ao meu lado, Rique, eu o amo e não sei seguir minha vida distante da sua.

— Também te amo, e você tem que ser forte.

— Tem razão, Olavinho precisa bater as asas, ficou muito tempo do nosso lado. Imaginei que com o centro espírita ele poderia permanecer na cidade e cumprir sua missão espiritual aqui. Hoje sei que criei uma ilusão, o que estou sentindo é desilusão, sou a responsável por esse sentimento que me fere. Deveria ter aprendido mais com as palestras de Olavinho.

— Isso é verdade. Mãe é sempre assim. Como o ditado diz: "em casa de ferreiro, o espeto é de pau" — brincou Henrique.

— Eu tentei! Mas não basta apenas ouvir os ensinamentos, é preciso colocá-los em prática.

Olavinho entrou no quarto para animar Eunice.

— Ah, meu filho! Fique mais alguns anos antes de dar início à sua jornada de trabalho.

— Mãe, já imaginou se todos os trabalhadores da luz permanecessem calados em casa, na companhia de suas mães, e nada realizassem? A humanidade não se desenvolveria. Eu sou um professor e não posso dar aulas somente a um grupo de alunos, tenho que seguir para outras turmas que queiram aprender o que tenho a ensinar.

Eunice tentou abrir um sorriso pálido, que acabou se transformando em uma careta. Olavinho continuou:

— Minha amada mãezinha, a senhora me trouxe para este mundo para que minha voz fosse ouvida pelas pessoas que têm necessidade de conhecer mais sobre o plano espiritual. O planeta entra em um período de transição, e eu preciso ensinar nossos irmãos a mudarem o que pode ser mudado. Logo voltaremos para casa, aqui sempre será meu recanto favorito, mãe.

Eunice desceu as escadas abraçada com Olavinho, e ficaram juntos comemorando a alegria da família reunida.

Henrique propôs um brinde ao lado de João e Neiva. Todos estavam um pouco tristes pela distância que ficariam dos meninos. Mateus e Júlia também sentiriam falta dos primos.

O pai ergueu uma taça de vinho, e todos desejaram que a tarefa de Olavinho e Fabrício fosse cumprida com êxito. O grupo não conseguia ver que ao lado de Olavinho e Fabrício estava Camilo levantando uma taça plasmada por ele.

Camilo piscou para Olavinho e disse através do pensamento: "Inicia-se aqui um novo tempo para vocês, tempo de cumprir o que foi prometido antes. Tragam luz a este planeta, pois a humanidade está carente. Ensinem o caminho para a felicidade".

Camilo tomou um gole do vinho e se reuniu com um grupo de amigos de outra dimensão, que estava ali pronto para colaborar com Olavo e Fabrício naquela missão.

Olavinho olhou na direção que o grupo estava e levantou sua taça cumprimentando a todos os amigos espirituais. Em segundos, as luzes dos espíritos não brilhava mais na sala de jantar do sobrado. Olavinho olhou na direção da janela e percebeu luzes com pequenos raios se distanciando na direção das estrelas.

A voz de Camilo ecoou na mente de Olavinho.

"Estamos com você, amigo".

Capítulo 40

Pela manhã, todos foram até o aeroporto em São Paulo. Não faltaram lágrimas nos olhos de todos os familiares na despedida.

Eunice fez Fabrício prometer que retornaria para o Brasil assim que as férias terminassem. Ele iniciaria o terceiro semestre na faculdade de Jornalismo.

A bordo da aeronave, Olavinho comentou com o irmão:

— Agora fiquei curioso. Camilo disse que eu terei uma grata surpresa quando desembarcar em Portugal.

— Deve ser algo surpreendente, seu mentor não é dado a surpresas. Faz algumas semanas que ele vem dando dicas sobre a surpresa que tem para você, e pode ter certeza de que sua vida vai se modificar radicalmente. É o que sinto.

***

Desembarcando em Lisboa, Olavinho se deparou com uma linda moça, que estava ali para recebê-los. Ele olhou nos olhos dela e imediatamente a reconheceu. A moça ficou ruborizada e teve a certeza de que conhecia Olavinho de algum lugar, porém, ela não se recordava.

Fabrício percebeu o clima entre os dois e comentou com o irmão:

— Não se esqueça de que sua amada está esperando em outra dimensão. Mas não deixa de ser uma linda surpresa. A moça é realmente gata, meu irmão.

— Minha amada não está somente em outra dimensão, estamos diante dela, Fabrício.

— Como assim?

— Camilo me pregou uma peça. Minha amada reencarnou como missionária da luz, em Portugal, há mais de vinte anos. Por essa razão, Camilo insistia para que eu viesse a esse país. Se pudesse ver o sorriso de meu mentor, não duvidaria do que digo.

— Se deu bem! Meu irmão, penso que teremos dias felizes na Europa. Os olhos dela também brilharam quando cruzaram com os seus.

Os dois se aproximaram de Lúcia depois que pegaram as bagagens.

Olavinho estendeu a mão à moça cumprimentando-a.

Ela abriu um sorriso e perguntou:

— Tenho certeza de que o conheço. Pode me responder onde nos encontramos? Não é a primeira vez que visita Portugal?

— É a primeira vez que coloco meus pés neste país adorável. Mas devo informar que nos conhecemos há muito tempo, pena que você não se recorde de quantas vidas estivemos juntos, Lúcia. Olhando para você, o passado deixou meu subconsciente e veio à tona. Não quero assustá-la, mas temos muito o que conversar.

— Então, você teve a mesma impressão que eu tive? Ouvi falar muito a seu respeito, é um médium muito respeitado por aqui, esperávamos ansiosamente para aprendermos mais com suas palestras.

— Também desejei esse encontro muitas vezes, mas pensava ser algo impossível neste planeta. Não se recorda de nossos encontros em dimensões mais elevadas?

Lúcia ficou com a face ainda mais ruborizada, e Fabrício interveio ao se apresentar à moça e perguntar:

— Eu sou Fabrício, irmão do famoso Olavo Alencar. Pode me dizer em qual hotel ficaremos hospedados?

Lúcia apertou a mão de Fabrício mas não conseguia tirar os olhos de Olavinho, e ele também estava fascinado pela moça.

Distraída, ela respondeu abrindo um sorriso tímido.

— Ficarão hospedados em nosso instituto educacional espiritualista, temos acomodações confortáveis por lá. Funciona em uma quinta, não muito distante de Lisboa. Eu moro lá com minha família. Meu pai é o fundador do instituto e um grande admirador do seu irmão. Teremos tempo para conversarmos e esclarecermos essa sensação forte que senti de já conhecer seu irmão.

Lúcia, acompanhada dos rapazes, seguiu para o carro e deu a partida, mas antes verificou se todas as malas estavam no porta-malas.

Olavinho ocupou o banco do veículo ao lado dela e viu através do vidro Camilo sorrindo e retornando para o astral com a certeza de que os jovens encontrariam a felicidade de seguirem juntos, cumprindo a missão que prometeram antes de reencarnarem.

Daquele ponto em diante, Olavo e Lúcia não mais se separariam e com amor dividiriam o conhecimento que obtiveram dos espíritos de luz.

***

Dois meses depois, Fabrício, como prometeu aos pais, retornou para o Brasil trazendo novidades sobre o casamento de Olavinho e Lúcia. Eunice e Henrique ficaram surpresos, o filho sempre afirmou que não se casaria, pois havia uma moça especial esperando por ele em outra dimensão.

— Isso não pode ser verdade! Não brinque com coisas sérias, menino! Seu irmão casar? Só pode ser brincadeira!

— Veja, mãe, tenho aqui a prova de que seu amado Olavinho se casou.

Fabrício mostrou no visor de seu celular o vídeo, que ele mesmo gravou, do casamento do irmão na quinta em Portugal. E disse:

— Sua nora é uma moça muito bonita e combina perfeitamente com os ideais que Olavinho prega em suas palestras.

— Não pode ser. Veja, Henrique, Fabrício fala a verdade! Como Olavinho pôde fazer isso conosco? Não se deu ao trabalho de nos convidar para o seu casamento!

— Se acalme, mamãe. O casal no próximo semestre virá para o Brasil, e teremos um lindo casamento nesta fazenda. Olavinho pediu para lhe entregar esta carta na qual explica os motivos de se casar às pressas.

Eunice pegou a carta das mãos do filho e sentou-se no sofá da sala. João, Neiva, Humberto, Heloísa, Verinha, Nivaldo, Júlia, Mateus, Francisca, Caio e Verônica estavam na área externa do sobrado quando ouviram a voz alterada de Eunice. Todos se dirigiram para a sala de estar, e Fabrício contou que Olavinho havia se casado em Portugal.

Foi preciso mostrar o vídeo, que passou de mão em mão, para que acreditassem no que ele afirmava.

Eunice ficou mais calma depois de ler a carta amorosa do filho. Se emocionou quando leu a explicação de Olavinho.

Mãezinha, Lúcia é meu amor de muitas vidas, nos encontrávamos durante a noite quando deixávamos nossos corpos adormecidos, no descanso necessário para manter a saúde do corpo físico.

É ela, mãezinha! Estava ao meu lado me dando forças para seguir em frente com minha missão. Não sabia que estava também encarnada. Camilo me surpreendeu com essa grata surpresa.

Não pude esperar uma pausa do trabalho, que desenvolvemos na Europa, para voltar ao Brasil e apresentá-la a vocês. O pai de minha amada não permitiria que ela me acompanhasse nas viagens. Então, pedi Lúcia em casamento. Tudo aconteceu rápido e, quando ler esta carta, estaremos na Alemanha, seguindo com nosso trabalho missionário.

Em poucos meses, estarei de volta, e assim oficializaremos nossa união com uma bela cerimônia de casamento, ao lado das pessoas que me são tão caras. Peço que me perdoe e organize meu casamento como a senhora sempre desejou.

Te amo para sempre.
Seu Olavinho.

Eunice deu a carta para todos lerem e começou a fazer planos com as mulheres para a cerimônia de casamento na fazenda

Vereda. Todas se animaram com a ideia, e o grupo retornou para a área de lazer do sobrado.

Fabrício ficou mais tranquilo vendo a mãe animada e planejando o casamento do irmão, agora no Brasil. Ele se apressou em pegar um espetinho de carne que Humberto tirava da churrasqueira.

Era hora do almoço, e a alegria voltou a reinar no sobrado. Com a energia alegre, que era peculiar em Fabrício, os amigos foram chegando assim que ele avisou que estava de volta.

Henrique e Eunice agradeciam a felicidade pelo regresso do filho. Tinham certeza de que o primogênito estava feliz e não mais ficaria solitário pelo mundo. Ele agora teria companhia para espalhar a boa-nova dos espíritos evoluídos, que estavam sempre ao lado dele.

Ao longe, era possível ouvir a música animada e a algazarra dos jovens brincando na piscina.

Camilo estava presente ao lado do mentor de João.

Depois que João e Neiva se recolheram, os dois espíritos retornaram para o astral deixando um rastro de luz que descia como pequenos flocos de neve sobre o sobrado, abençoando a todos.

Fim

Grandes sucessos de
Zibia Gasparetto

Com 18 milhões de títulos vendidos, a autora tem contribuído para o fortalecimento da literatura espiritualista no mercado editorial e para a popularização da espiritualidade. Conheça os sucessos da escritora.

Romances
pelo espírito Lucius

- A verdade de cada um
- A vida sabe o que faz
- Ela confiou na vida
- Entre o amor e a guerra
- Esmeralda
- Espinhos do tempo
- Laços eternos
- Nada é por acaso
- Ninguém é de ninguém
- O advogado de Deus
- O amanhã a Deus pertence
- O amor venceu
- O encontro inesperado
- O fio do destino
- O poder da escolha
- O matuto
- O morro das ilusões
- Onde está Teresa?
- Pelas portas do coração
- Quando a vida escolhe
- Quando chega a hora
- Quando é preciso voltar
- Se abrindo pra vida
- Sem medo de viver
- Só o amor consegue
- Somos todos inocentes
- Tudo tem seu preço
- Tudo valeu a pena
- Um amor de verdade
- Vencendo o passado

Rua Agostinho Gomes, 2.312 — SP
55 11 3577-3200

contato@vidaeconsciencia.com.br
www.vidaeconsciencia.com.br